KB147563

초판 1쇄 발행일 2017년 8월 20일

글쓴이 | 디자이너 | 발행인 유지훈

펴낸곳 투나미스 출판사

ISBN 979-11-87632-09-2 (03700)

가격 12,000원

주소 수원시 팔달구 정조로 735, 3층(중동, 해피니스 빌딩)

전화 031-244-8480

팩스 031-244-8480

홈페이지 http://www.tunamis.co.kr

이메일 ouilove2@hanmail.net

출판등록번호 제2016-000059호

* 이 책의 무단전제와 복제를 금하며, 책 내용의 전부 혹은 일부를 인용하려면 반드시
저자의 동의를 받아야 합니다.

남의 글을 내 글처럼

유지훈

투나
미스

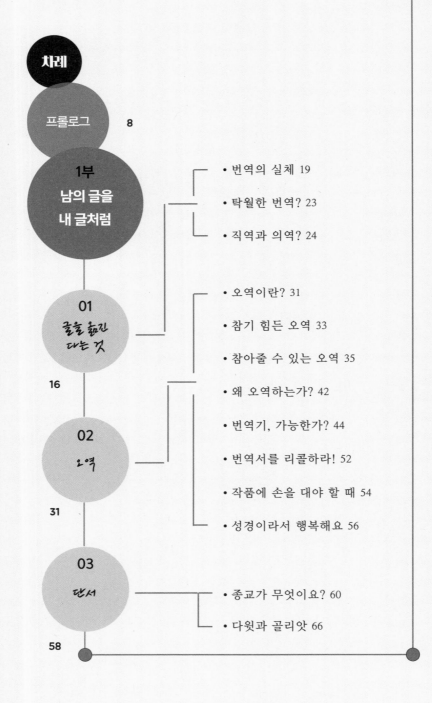

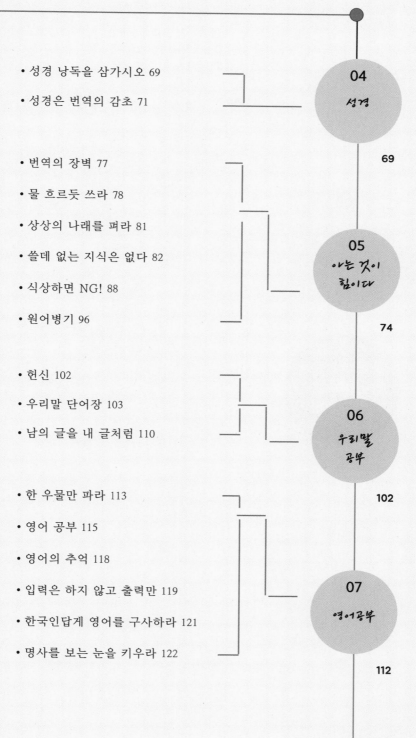

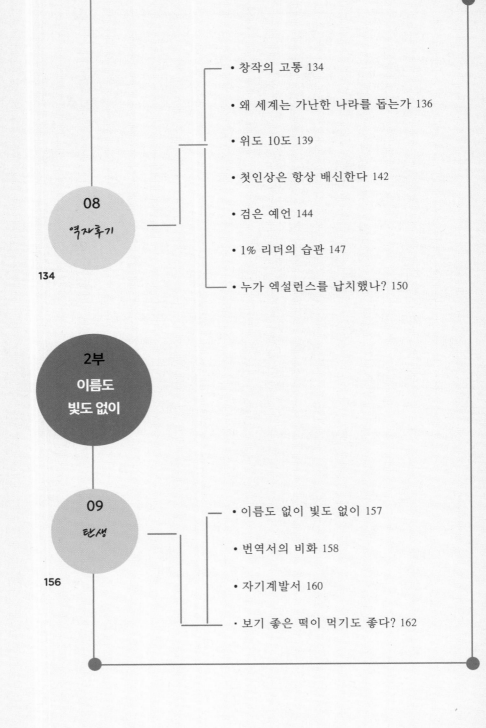

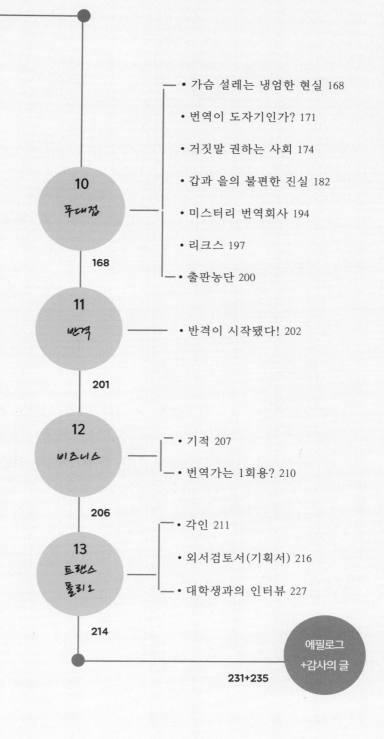

"줄곧 기술 서적을 번역해왔고 지금은 책 한권을 교정하고 있습니다. 물론 이 분야도 고료는 낮습니다. 얼마 전에 번역계를 떠났다가 작년에 돌아왔습니다만, 본업보다는 차선 분야로 키워보고 싶어서 다시 도전하려고요. 한번 만나 뵙고 싶습니다. 잘 아시겠지만, 번역이든 뭐든, 뜻이 맞고 생각이 통하는 사람들이 뭉쳐야 단체든, 회사든, 조직이든 목소리를 높일 수 있다고 봅니다. 그래야 정당한 대우를 받을 수 있지 않을까요?"

— ID: 겨울루팡(블로거)

'서당 개 3년이면 풍월을 읊는다.'

쟁쟁한 번역가들이 내놓은 번역관련 서적에 비하면 내세울 것도 없고 주눅이 들기 십상이지만 번역 12년차인 나도 '풍월' 좀 읊어볼까 하여 노트북을 열었다. 사실 번역서를 한 권이라도 읽어본 사람이라면 누구나 읽고 공감할 수 있는 글을 쓰기로 했는데 아무래도 중심소재가 번역이다 보니 독자가 색안경을 끼고 읽지 않을까 살짝 걱정도 된다.

"번역"

희망과 절망이 교차하는 일이다. '보람'에 '가시'가 박혔다고나 할까. 솔직히 즐겁지만은 않은 작업이다. 지구력을 발휘해야 할 때도 많고 탈고하기 전까지는 어깨를 누르는 짐을 내릴 수 없어 고달

프기도 하다. 직장으로 따지면 출근은 있지만 당일 퇴근은 없는 격이다.

그럼에도 '희망'을 전하는 이유는 지금껏 번역가가 사회 발전에 일익을 담당해왔고 앞으로도 해외의 문화와 지식 및 비즈니스의 소통을 담당할 것이기 때문이다. 하지만 원대한 소명의식 안에 감춰진 냉엄한 현실과 생계를 위한 '몸부림'을 못 본척하면서까지 장밋빛 전망만 늘어놓을 필요는 없다고 생각한다. 그러니 위선자가 되지 않으려면 절망을 운운하지 않을 수 없는 것이다. 어느 날, 원어민 예비 번역가에게 기대를 건다는 신문기사를 읽을 적이 있다. 영국 런던대학에서 한국학을 전공한 B씨를 비롯하여 연세대에서 국제협력 석사 과정을 밟고 있다는 N씨 등, 22명이 한국 문학을 자국에 홍보한다는 고무적인 기사가 마냥 기쁘지만은 않은 이유도 여기에 있다.

관련 사이트나 인터넷 게시판에서 오역을 지적하는 글을 보면 왠지 마음이 씁쓸하다. 게다가 똑같이 글을 쓰는데도(번역도 창작이라면서도) 번역가보다 작가가 월등히 유명하다는 점도 배가 아프다. 사실, 번역서를 읽으면서 "저자의 글에 깊은 감명을 받았다"고 생각하면 큰 오산이다. 원문은 번역가의 실력—외국어와 모국어 둘 다—이나 주관적인 해석에 의해 얼마든지 '조작'될 수 있기 때문이다(오해하지 말고 읽기 바란다).

그러므로 '번역가의 문장력에 감명을 받았다!'거나 '글을 어쩜 이렇게 적절히 옮겼을까!'라고 해야 옳다. 번역서를 읽고 감명을 받았다면 역자 이름 정도는 알아두자. 외서의 '맛'은 번역가의 손이 결정하니까.

이처럼 '글'의 소통이라는 막중한 책임을 감당해야 할 번역가의 현주소는 슬럼가보다 피폐한 곳일지도 모른다. 번역가가 개설한 인터넷 동호회(회원수가 1천 명 이상인 곳)에 접속해서 회원의 번역서가 한 달에 몇 권이나 등록되는지 확인하고 그들이 토로하는 일상을 들어본다면 내 말에 동감할 것이다.

전업 번역가의 짐은 무겁기 그지없고 안정과도 거리가 멀다. 특히 낮은 임금과 비정규직이라는 꼬리표 탓에 번역을 직업이 아닌 '시간제 근무(아르바이트)'로 취급하는 사람도 비일비재하다. 꾸준히 일하기도 힘들고 사회의 편견과도 씨름해야 하는 가시밭길을 체감한다면 "한 달 수입이 쥐꼬리인 데다 때로는 백수(백조)취급을 당하겠지만 그래도 꿈을 갖고 번역에 도전하시오."라고는 감히 말하지 못할 것이다.

행복하기도, 씁쓸키도 한 책이지만 모쪼록 즐겁고 재미있게 읽기 바라며 이 책의 아쉬운 점은 저자의 탓임을 알린다.

'남의 글을 내 글처럼' 옮기느라 비지땀을 흘리는

번역가들에게 이 책을 바칩니다.

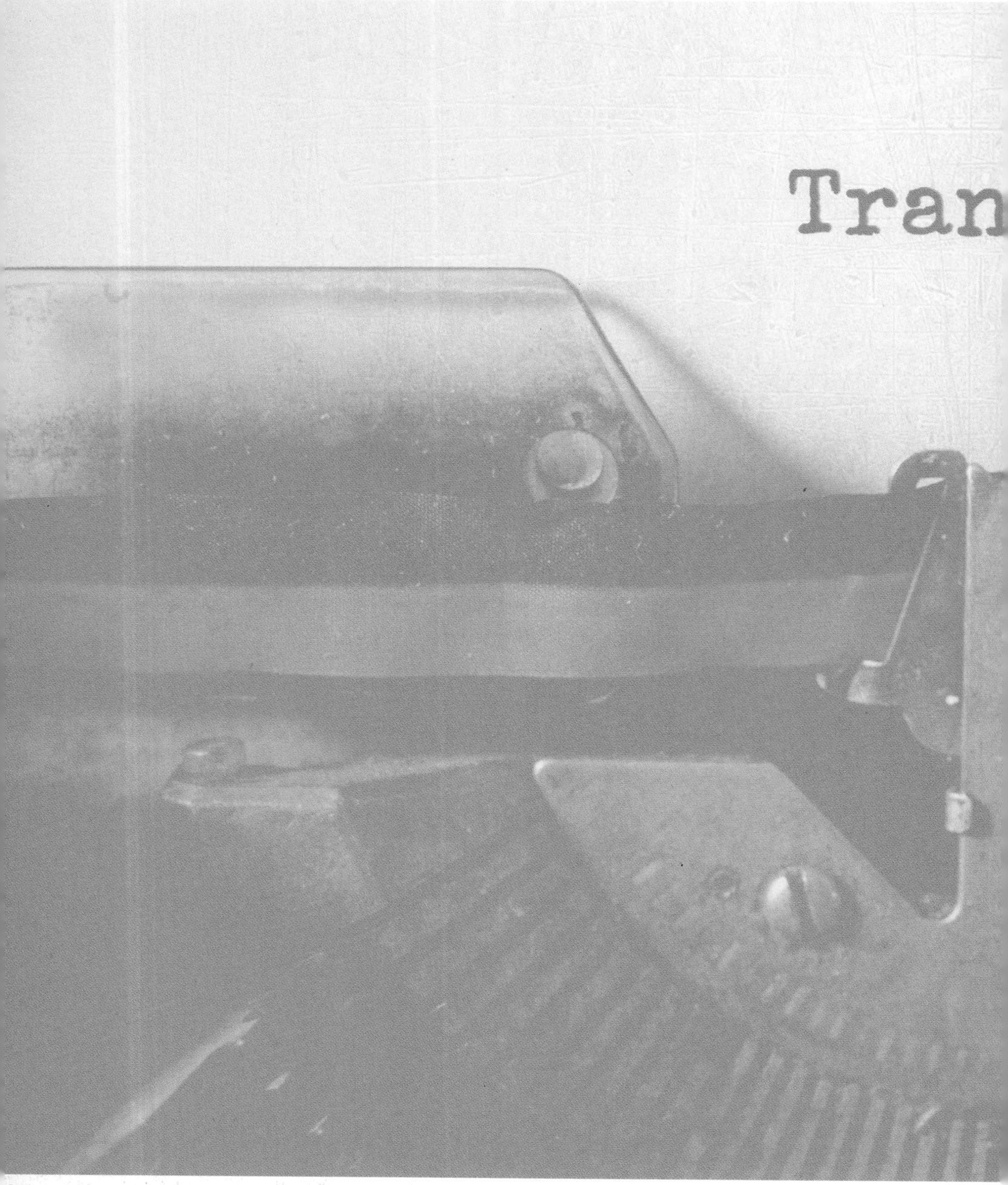
Tran

tion

1부 남의 글을 내 글처럼

1. 글을 옮긴다는 것 What are You, Mr. Translation?

번역가 10명이 한 자리에 모였다. 번역만큼은 둘째 가라면 서러워할 실력파부터 이제 갓 입문한 초보까지 제 자리를 잡고는 원문을 한글로 옮기기 시작했다. 종료 후 심사위원이 각자 번역한 샘플(A4용지 한 장)을 취합하고는 원고를 유심히 살펴본다.

"토씨 하나까지 똑같은 샘플이 있습니까?"
"당연히 없죠. 사람 생각이 같을 리 있겠습니까?"

번역에는 번역가의 사상(이념)과 가정환경, 종교, 심리 상태, '원고마감시한,' 교육수준, 외국어실력 및 우리말 문장력 등 매우 다양한 변수가 작용한다. 또한 옮긴 글이 다르다는 점으로 미루어—굳이 플로베르의 '일물일어설'을 꺼내지 않더라도—뉘앙스 역시 천차만별이라는 사실은 잘 알 것이다. 이를테면, 'died'를 옮기는 방법도 참 많다.

1 목숨을 잃었다
2 사망했다
3 황천길을 갔다
4 소천했다

5 숨이 끊어졌다(절명했다)

6 운명하셨다

7 돌아가셨다

8 세상을 떠났다

9 천국에 갔다

10 타계했다

11 작고했다

12 고인이 되다

13 서거했다

뜻은 같으나(예가 좀 극단적이긴 하다) 번역가의 의도와 어구의 쓰임새 및 어감은 모두 다르다. 그러니 한 권의 책을 10명이 동시에 번역해도 열이면 열, 작품은 다 다르다고 봐야 옳다. 여러분이 잘 알고 있는 셰익스피어의 작품도 독점계약이 아닌 탓에 출판사들이 지금껏 다른 역자를 써서 출간해왔다.

사실, 『햄릿』의 '버전'도 수백 가지가 넘는 셈이다. 그러나 역자를 불문하고 작품을 읽은 사람이 느끼는 주제나 구성 등은 별 차이가 없는데 나는 이를 두고 번역의 묘미라고 부른다. 즉, 작품의 '나무'는 천차만별이나 '숲'은 같다는 이야기다.

결국 번역에는 '정역(正譯, the right translation)'이 아닌 '정역(定譯, the chosen translation)'만이 있을 뿐이다. 그래서 저자는 번역가가 제멋대로 글을 옮기진 않을까하여 조용히 당부한다.

저자: 글은 당신 맘대로 써도 좋으나 이 선만은 넘지 말아주시게.

역자: 알겠습니다.

번역가는 선을 넘지 말라고 신신당부하는 저자의 말에 귀를 기울여야 한다. '선'은 '저자의 의도'를 대변한다. 창작도 좋지만 저자가 전하려는 글이 왜곡되지 않고 한국 독자에게 정확히 읽혀야 한다는 것이다. 번역가는 '저자의 의도'를 고객인 독자에게 정확히 전달해야 할 의무가 있다. 그런 의미에서 독자는 책값을 내고 번역가를 고용한 셈이다.

저자: (집필 중) "쓱, 쓱, 쓱(글 쓰는 소리)"

독자: 저자가 뭐라고 썼습니까?

역자: 여차저차해서 이러쿵저러쿵 하답니다.

독자: 아, 예…… 그렇군요.

영문 원서 한권을 읽고 싶어 개인이 번역을 의뢰하려면 적어도 300만원(A4 100장 기준)이상은 투자해야 한다. 그러나 출판사가 번역 의뢰를 비롯하여 인쇄와 제본까지 다 해결해주니 독자는 싼 가격에(헐값이라고 해도 과언은 아니리라) 번역서를 볼 수 있게 됐다. 그러니 책이 비싸다고 투덜대지는 말자.

번역의 실체

그러면 셰익스피어의 작품 중 『리어왕』 1막 1장을 비교해가며 번역가들의 머릿속을 훑어보자. 역자에 따라 같은 작품이 어떻게 달라지는지 확인해보라. 번역의 실체를 가늠하는 중요한 단서가 될 것이다.

리어왕 1막 1장

켄트: 전 국왕께서 콘월 공작보다 올바니 공작을 더 총애하신다고 생각했는데요.

글로스터: 우리에겐 항상 그렇게 보이셨지요. 하나 이제 왕국을 분할함에 있어서는 어느 공작을 더 높이 평가하시는지 모르겠소이다. 두 몫이 너무나 꼭 같아서 아무리 따져봐도 어느 쪽도 상대의 몫을 선택할 순 없으니까요.

켄트: 저 사람은 백작의 아드님이 아닙니까?

글로스터: 걔 양육비는 내가 부담했지요. 한데 놈을 인정할 때마다 얼굴을 붉히다 보니 난 이제 철면피가 다 되었습니다 그려.

켄트: 무슨 말씀이신지?

——X 출판사

켄트: 나는 왕께서 콘월 공작보다는 올버니 공작을 더 총애하신다고 생각했었는데.

글로스터: 우리가 보기에 언제나 그랬지요. 하지만 요새 왕국을 나눠주는 문제에서 어느 공작을 가장 귀하게 여기시는지가 분명치 않아요. 지분이 워낙 대등하니까. 양쪽을 세심하게 살펴보아도 어느 쪽이 더 나을지 정할 수가 없군요.

켄트: 이 청년은 당신 자제분 아닙니까. 백작?

글로스터: 그의 양육을, 백작, 내가 맡기는 했었죠. 아들로 인정하자니 하도 낯이 뜨거웠던지라. 이젠 얼굴이 두꺼워졌지만.

켄트: 무슨 말씀이신지 파악이 안 되는군요.

— Y 출판사

켄트: 국왕께서 콘월 공작보다 알바니 공작을 더 총애하시는 것처럼 생각이 되는군요.

글로스터: 많은 사람들이 그렇게 생각하고, 저 또한 그랬습니다만 막상 왕국을 분배하시는 것을 보니 누구를 더 총애하시는 건지 잘 분간이 되지 않더군요. 마치 양팔저울을 단 듯 영토가 똑같이 분배되어 있으니 따져보아도 두 분 중에 어느 쪽이 더 좋다고 할 수 없을 정도입니다.

켄트: 이 분이 공의 아드님입니까?

글로스터: 그렇습니다. 제가 길러봤으니까요. 그러나 내 아들이라고 말할 때마다 낯이 뜨거워집니다. 이제는 어느 정도 익숙해졌지만 말입니다.

켄트: 무슨 말씀이신지 이해가 되질 않습니다.

— Z 출판사

역자의 실력을 판단하거나 어떤 번역의 품질이 좋은지를 따지려는 것이 아니니 오해가 없기를 바란다. 완벽하면 좋겠지만 그럴 수 없는 번역·출판계의 현실을 잘 알기 때문이다. 이를테면, 간혹 글을 잘못 이해해서 엉뚱하게 옮길 때도 있고 논리 전개상 글을 빼거나 덧붙여야 할 때도 있다. 번역이 그렇다. 물론 독자 여러분을 '의책증疑冊症' 환자로 만들 생각은 추호도 없다.

앞서 열거한 세 출판사의 번역문에서 '정역'이 존재한다면 경우의 수는 딱 두 가지로, 두 작품이 오역이거나 셋이 전부 오역일 것이다. 두 가지 이유만 꼽자면 이름이 전부 다르게 표기되었고, X와 Y출판사 예문에서 글로스터가 말한 '보다(보이다)'의 주어가 다르기 때문이다. 로마자 표기법을 따르면 고유명사는 통일할 수 있는데 그러질 않아 공작 이름을 '올버니Albany,' '올바니Albany,' 혹은 '알바니Albany'로 각각 달리 옮긴 것은 홍길동을 '홍길둥'이나 '훙길동'이라고 쓴 것과 같다. 어느 쪽이 옳고 그른지는 이야기하지 않으련다.

셰익스피어: 왜 주어를 다르게 옮긴 겁니까?
역자 X/Y/Z: (식은땀을 흘리며) 앗! 그, 그건 ……, 그렇게 이해했기 때문이죠.

독자는 번역가가 이해한 글을 읽는다

번역된 글은 작가의 글이 될 수 없다. 번역이 '제2의 창작'인 까닭이다. 이를 인정한다면 번역의 실체에 실망하지 말고 역자를 믿고 그의 판단을 존중해야 한다. 하지만 역자가 원문을 다 이해할 수 있으리라는 순진한 생각은 버리자.

번역가도 모르는 것이 많아 문장이 막히면 원문에 더욱 충실해질 공산이 크다. 원문에 가깝게 '직역'을 한다는 이야기다. 물론 나중이나 책 뒤편을 옮기다가 불현듯 이해가 가는 경우도 있지만 자신이 옮기고도 이해하지 못하는 글도 더러 있다(낫 놓고 'ㄱ'자도 모르는 격).

인터넷을 검색하다보면 원문을 대조해가며 '꼬투리'를 잡으려는 누리꾼들이 더러 있는데, 오역을 들춰내어 역자를 비방하는 것은 자칫 섣부른 잘못이 될 수도 있다. '오역'은 역자의 실수일수도 있지만 관점의 차이일수도 있기 때문이다. 무엇보다도, 교열·교정자나 감수자 혹은 편집자가 원고에 '입김'을 넣을 수도 있으니 미심쩍은 대목이 눈에 들어오면 출판사에 문의하는 편이 가장 바람직하다. 번역서를 경솔히 판단해서는 안 된다.

번역 = 범위(작가의 의도)가 정해진 창작
번역서 = 번역가가 이해한 내용을 쓴 책

탁월한 번역?

역자가 함정을 파 놓으면 독자는 오역을 눈치 채지 못한다. 웬만큼 예리한 관찰력과 분석력이 없는 한 독자는 숱한 오역에도 작품에 매료되기 십상이다. 특히 영화가 그렇다. 외화 번역에는 오역이 수두룩하나 영화를 보면서 이를 지적하는 관람객은 거의 없다. 왜 그런가? 영화 줄거리를 아무 불편 없이 이해했기 때문이다. 즉, 서비스에 만족했다는 것이다. 그렇다! 책이나 영화나 오역을 감출 수 있는 번역 작가만의 유일한 무기는 ……

가독성이다!

독자는 원문을 모르는 탓에 가독성이 높으면 웬만해서는 오역을 눈치 채지 못한다. 즉, '글발'은 대학 중간·기말시험의 점수를 높일 뿐 아니라 오역까지도 감출 수 있는 위력을 지닌 셈이다. 외국어 실력은 좀 떨어지나 글 솜씨가 탁월하다면 그럴 가능성이 높지 않을까 싶다.

요컨대, 번역서가 열매라면 번역가의 '땀'은 씨앗에 해당된다. 번역가가 씨앗을 심고 고생고생 물과 양분을 주어 수확한 것이 바로 '번역서'다. 번역가의 영문 해석·분석력을 비롯하여 관습과 문화, 라이프스타일 및 종교 등에 따라 물과 양분 및 일조량이 결정되면 마침내 원서는 번역가가 '쓴' 책으로 다시 태어난다. 그런 의미에서 '감사의 글'이나 '들어가는 말'에 간혹 보이는 글귀는 옮기기가 좀 애매하다.

"Any shortcomings belong to me."

"이 책의 아쉬운 점은 모두 내(저자) 잘못임을 알린다."

— 『왜 세계는 가난한 나라를 돕는가?Foreign Aid』 중에서

필자: 음, 꼭 그렇지만은 않은데 …….

직역과 의역?

'직역'이나 '의역'은 번역을 운운할 때 예사롭게 들리는 말이다. 사실 오역도 그렇지만(다음 장에서 구체적으로 다룰 참이다), 직역(축자역)이나 의역도 딱히 기준은 없다. 특히 우리말과 영어는 서로 어순이 다르기 때문에 사실상 직역이 불가능하다.

사람들은 대부분 직역과 의역을 구분한다. 구분의 타당성을 따져 보면 그러기가 쉽지 않다. 직역과 의역을 구별하기에 앞서 번역을 다시 짚어보자. 앞서 언급했듯이, (필자가 정의하는) 번역은 작가의 의도가 이미 정해진 글을 풀어내는 창작이라고 했는데 사전에는 이를 어떻게 밝혔는지 보라.

번역: 어떤 언어로 된 글을 다른 언어의 글로 옮기거나 바꿈

완벽한 정의인가? 아니다. 글을 다른 언어로 옮긴다고 해서 다 번역은 아니니까. 가령 "우리는 사회적 병폐를 제거해야 한다."는 어떻게 번역할 수 있을까?

우리는we | **사회적**social | **병폐를**malaise | **제거**eradicate | **해야 한다**must

We social malaise eradicate must. (×)

⇨ 사회적 병폐인 우리는 '머스트must'를 제거한다.

이렇게 쓰면 어순을 감안하지 않아 명실상부한 '직역'이 되고
만다. "자라 보고 놀란 가슴 솥뚜껑 보고 놀란다."는 어떨까?

자라turtle | **보고**see | **놀란**surprise | **가슴**chest | **솥뚜껑**cauldron lid

문법 실력을 총동원해서 어순을 살려도 문제가 되는 건 마찬가
지다.

**The chest which sees a turtle and is surprised could be
surprised by a cauldron lid. (×)**

원어민이 무슨 말인지 모를 테니 이것도 불합격이다. 본문은
"Once bitten, twice shy."라고 써야 옳은데, 자라나 솥뚜껑이 들어
가지 않았으니 이를 의역이라고 할 텐가? 그렇다면 본문은 직역도
가능하다는 이야기인가? (의역이란 직역이 있다는 전제 하에 쓰는 말이므로)

"When you see a turtle and are surprised, you could also be
surprised by a cauldron lid(자라를 보고 놀라면 솥뚜껑을 보고도 놀랄 수 있
다)."라고 쓰면 이를 직역이라고 할 수 있는가? 아니다. 원어민이
공감을 하지 못할 테니 참기가 아주 힘든 오역이 되고 말 것이다.

따라서 번역의 정의에는 "원어민이 도착어(옮긴 글)를 읽고 어색하거나 거북한 마음이 들지 않고 자연스레 이해할 수 있어야 한다."를 추가해야 한다. 독자가 저자의 의도를 자연스레 이해하도록 '쓰는' 것이 번역이라면 이를 직역과 의역으로 구분할 필요가 있을까? 그러면 이제부터는 직역과 의역을 본격적으로 거론해보자. 아래는 사전에서 풀이한 직역과 의역의 정의이다.

> **직역**: 외국어로 된 글을 원문의 한 구절 한 구절을 그 글귀 그대로 본래의
> 　　　뜻에 충실하게 번역함.

> **의역**: 외국어로 된 글이나 말을 단어나 구절의 본뜻에 너무 얽매이지 않고
> 　　　글 전체가 담고 있는 뜻을 살려 번역함.

　철학적인 뉘앙스가 다분히 배어있을지는 모르겠지만, 도대체 본뜻은 누가, 어떻게 규정하는지 묻지 않을 수가 없다. 영영사전이나 영한사전일까? 딱히 사전 외에는 답이 될 만한 것이 없으니, 일단 사전에 본뜻이 등재되어 있다고 가정해보자. 여기서 필자의 논리를 개진해 나가기 위해 필요한 전제를 하나 깔아두겠다.

> **전제 1**: 본래의 뜻이란 사전에 등재된 의미를 일컫는다. 따라서 직역이란
> 　　　사전에 등재된 뜻에 충실하게 번역하는 것이다.

필자: 사전에 등재된 어휘도 번역된 것이 아니오?
독자: 그렇죠. 사전편찬위원회나 출판사가 전문가를 고용해서 번역했을
　　　겁니다.

필자: 그렇다면, 사전에 번역된 어휘는 직역한 겁니까? 의역한 겁니까?

독자: (말문이 막힌다) !? ……

필자: 'apple'은 뭐요?

독자: 사과죠.

필자: 그건 직역입니까, 의역입니까?

독자: 당연히 직역이죠.

필자: apple을 영영사전에서 찾아주겠소?

독자: "An apple is a round fruit with smooth green, yellow, or red skin and firm white flesh."

필자: 정말 직역이요?

독자: 의역이네요 …….

영한사전의 단어가 의역이라면 아이러니컬한 문제가 벌어진다. 전제 1을 다시 보라.

전제 1: 따라서 직역이란 사전에 등재된 뜻에 충실하게 번역하는 것이다.

그런데 필자가 "We must eradicate social malaise."를 "우리는 사회적 병폐를 제거해야 한다."가 아니라 "사회적 병폐는 아주 뿌리를 뽑아야 한다"고 옮겼다면 이건 의역일까, 직역일까? 의역이라고? 아니다. 직역이라야 맞다. social malaise는 '사회적 병폐'로, eradicate는 '뿌리째 뽑다'로 사전에 등재된 데다 '아주'는 must에 녹아있는 '강한 의무'를 살려낸 것에 불과하기 때문에 논리상 직역이라야 옳은 것이다. 혹시라도 이를 의역으로 생각한 독자가 있다면, 이는 직역과 의역의 구분점이 없거나 아주 애매하다는 점을 스스로 입증한 것과 같다. 그 외의 전제도 추가해 보자.

전제 2: 직역이 있다면 의역도 항상 존재한다.

전제 3: 직역과 의역은 한영 및 영한번역에 모두 적용된다.

전제 4: 직역은 의역이 될 수 없다(직역과 의역은 중간항이 없는 모순관계).

앞서 밝혔듯이, 우리말과 영어는 어순이 다르기 때문에 직역이 존재할 수가 없다. 직역다운 직역은 구약성경과 이를 헬라어로 옮긴 '70인역(LXX)'을 보면 피부로 느낄 수 있을 것이다. 아래 열거한 두 글(창세기 1:1)을 비교해보며 직역의 맛을 만끽하길 바란다(히브리어는 오른쪽에서 왼쪽으로, 헬라어는 왼쪽에서 오른쪽으로 읽어야 한다).

בְּרֵאשִׁית בָּרָא אֱלֹהִים אֵת הַשָּׁמַיִם וְאֵת הָאָרֶץ׃

ἐν ἀρχῇ ἐποίησεν ὁ θεὸς τὸν οὐρανὸν καὶ τὴν γῆν

히브리어

~안에+태초 בְּרֵאשִׁית (버레이쉬트)

창조했다 בָּרָא (바라)

신이 אֱלֹהִים (엘로힘)

~을 אֵת (에트)

그 하늘 הַשָּׁמַיִם (하샤마임)

그리고 ~을 וְאֵת (버에트)

그 땅 הָאָרֶץ (하아레쯔)

헬라어(70인역)*

~안에 ἐν(엔)

태초 ἀρχῇ(아르케)

창조했다 ἐποίησεν(에포이에센)

그 ὁ(호)

신이 θεὸς(테오스)

~을+그 τὸν(톤)

하늘(을) οὐρανὸν(우라논)

그리고 καὶ(카이)

~을+그 τὴν(텐)

땅(을) γῆν(겐)

* 70인역(LXX): 현재 전하는 가장 오래된 그리스어역 구약성서. 72명의 학자가 이 번역사업에 종사했다는 전설에 따라 붙여진 이름이다.

뜻만 추려보자면 ……

히브리어
~안에 태초 / 창조했다 / 신이 / ~을 /그 하늘 / 그리고 ~을 / 그 땅

헬라어
~안에 / 태초 / 창조했다 / 그 / 신이 / ~을 그 / 하늘 / 그리고 / ~을 그 / 땅

어떤가? 히브리어는 목적격 조사(을/를)를 독립적으로 쓸 수 있으나, 헬라어는 그럴 수 없고 형태가 변하는(굴절어) 관사나 명사

에 녹아있다. 두 글을 비교해볼 때 중간에 나오는 관사(ὁ)를 제외하면 순서가 100퍼센트 일치한다! 직역a word-for-word translation이란 이를 두고 하는 말이다. 그러나 네 가지 전제가 옳다면 여기에도 모순이 있다. 첫째, 직역이 있다면 의역도 존재해야 하고 둘째, 직역과 의역 사이에는 공통분모가 없어야 하는데 히브리어와 헬라어는 어순이 거의 일치하기 때문에 직역과 의역의 경계가 굉장히 애매하니 자가당착에 빠질 수밖에 없는 것이다.

결국, 언어와 언어 사이에는 직역이나 의역보다는 독자가 '읽기 편한 번역'과 '읽기 어색한 번역' 및 '읽기 거북한 번역'이 있다고 보는 편이 타당하며 이는 독자의 교육수준과 연령 및 환경에 따라 얼마든지 달라질 수 있는 상대적인 개념이다.

"Help! Help!"

* 읽기 편한 번역 "여기요! 아무도 없어요!?"
* 읽기 어색한 번역 "사람 살려! 사람 살려!"
* 읽기 거북한 번역 "도움! 도움!"

"You scared me!"

* 읽기 편한 번역 "쫄았잖아!"
* 읽기 어색한 번역 "너 때문에 겁먹었잖아."
* 읽기 거북한 번역 "네가 내게 겁을 주었잖아!"

"Are you leaving for good?"

"정의를 위해 떠나시나요?"

⇒ "아주 가시는 겁니까?"

('for good' 은 '영원히,' '아주' 라는 뜻)

"There was no way we could get from fatigues to full dress
uniforms in two minutes."

"피곤한 탓에 2분 만에 군복을 갈아입는다는 건 무리다."

⇒ "2분 만에 작업복을 군복으로 갈아입는다는 건 무리다."

('fatigue' 는 '피곤' 이 아니라 '작업복' 이라는 뜻)

오역이란?

오역은 정의하기가 매우 어렵다. 아니, 정의할 수 없다고 봐야
옳을지도 모른다. 오역시비가 끊이지 않는 현실을 감안해볼 때
'오역' 과 '정역' 을 정확히 구별할 수 있을 것 같지만 실은 그렇지
가 않다. 오역의 기준을 정할 수 없기 때문인데 그래서 오역처럼
보이는데도 "잘 옮겼다"며 칭찬이 쏟아지는가 하면, 언론과 독자
의 찬사에도 되레 오역시비에 휘말리는 경우도 더러 있다. 그러면
구체적인 이야기에 앞서 다음 글에서 오역을 가려보자.

Far-far-away palace | They're looking for angles.

겁나 먼 왕국 　　　　그들은 천사를 찾습니다.

첫 번째 예문은 영화「슈렉 2」의 팸플릿 문구를 그대로 쓴 것이고 둘째는『Leading with the Heart(마음으로 이끌어라)』의 기출간본에서 발췌한 것이다. 혹자는 전자를 두고 "재치 있게 잘 옮겼다"며 찬사를 보낼지도 모르지만 나는 "글쎄……"다.

둘 다 오역이라는 이야기인데, 우선 "겁나 먼 왕국"은 왕국을 꾸미는 말이 사투리(겁나)인 탓에 오역이다(도읍지 건물은 사투리로 표기하지 않는다. 설령 그런다고 해도 왕국이 전라도에 있지는 않을 테니 '겁나'는 분명히 오역이다).

두 번째는 'angles(각도)'를 'angels(천사)'로 잘못 봐서 틀렸으므로 원문은 '카메라의 각도를 살핀다.'고 번역해야 옳다. 물론 전자를 오역이라고 밝힌 것이 영 석연치 않을 수도 있다. "그게 오역이라니 너무 억지 아닌가?"하고 말이다.

오역이라고는 했지만 이를 두고는 적잖이 논란이 일 것이다. 앞서 말했듯이, 저자의 의도가 배어있으면 '오역'이라도 어느 정도는 봐줄만 하다. 즉, '겁나'가 '멀다'는 말을 강조하므로 '**far-far-away**'의 의도를 적절히 살렸으니 거부감이 들지 않는다는 이야기다.

반면 두 번째는 저자의 의도를 왜곡했으므로 오역임이 적실하고 독자가 이를 알았다면 속았다는 사실에 매우 허탈해 할 수도 있다. 본문은 전후 문맥에 따라 '농구 경기가 있는 날이면 기자들은 떠들썩한 관중을 뒤로하고 촬영 각도를 맞춘다.'는 뜻으로 풀이해야 하는데 생뚱맞게 천사를 등장시켰으니 원문을 모르는 독자들은 그제부터 상상의 나래를 펼 것이다.

독자 1: 천사? 그래, 행운을 가져다 줄 천사를 찾나 보군.
독자 2: 여기서는 승리의 천사가 팀에 합류할 것을 바란다는 얘길 거야.
독자 3: 뭔지는 잘 모르지만 조금은 와 닿는 듯…….
저자: 처, 처, 처…… 천사라고요? 내가 언제 그렇게 썼습니까?

오역은 정의할 수 없지만 그 종류는 '참아줄 수 있는 오역'과 '참기 힘든 오역'으로 구분할 수 있을 듯싶다. 참을 수 있는 까닭은 틀리긴 했어도 저자의 의도가 충분히 반영되어 그의 생각을 읽을 수 있기 때문이다. 그러나 의도가 왜곡되면 책의(혹은 번역) 품질이 떨어져 독자는 분노를 느낄 것이다.

참기 힘든 오역

Income and weekly take-home salary are multiplied by 4.333...
주급과 주간재택근무 수당에는 4.333이 곱해져 있다.

기억에 남는 오역이 많이 있지만 2008년 초, 번역을 처음 감수했을 때 발견했던 오역을 적어봤다. 알다시피 역자는 'income'을 '주급'으로, 'take-home salary'를 '주간 재택근무 수당'으로 잘못 옮겼다. 'weekly'가 그 다음에 있으니 '공통관계(weekly가 income도 수식한다고 보는 견해)'를 적용하기도 어려울 텐데 굳이 '수입(income)'을 '주급'으로 번역한 까닭은 무엇일까? 아까처럼 저자가 또 캐묻는다.

> **스코트 앤더슨**(저자): 왜 수입이 주급으로 둔갑한 거죠?
>
> **번역가**: 그, 그건, ……, 4.333을 곱했다는 내용 때문입니다. 이 숫자는 월평균 '주(week)'를 가리키므로 상식적으로 주급에다가 곱해야 월평균 수입이 됩니다. 그런데 'income'을 수입이라고 옮긴다면 수입에는 월급이나 연봉을 아우를 테니 독자는 혼란을 느낄 겁니다.
>
> **스코트 앤더슨**: 그렇다면 'take-home'이 '재택근무'라는 근거는 무엇입니까?
>
> **번역가**: 음 ……, 인터넷 사전을 찾아보니 '학생이 집에서 하는'이라고 돼 있더라고요. 집에서 하는 일이 재택근무 아니겠습니까? 맞죠?

사실, 좀더 정확히 쓰려면 '**weekly income and take-home pay**'라고 해야 옳을 듯싶은데 그러지 않아 번역가는 적잖이 고민했을 것이다. 그대로 옮기자니 독자가 오해할 수 있고 의역을 하자니 원문이 울고……. 그러나 단어를 잘못 찾았다는 점은 좀 아쉽다. '**take-home**'은 앞서 말했던 뜻이 옳지만 역자는 '**take-home pay**(세금을 제외한 실수령 급료)'를 찾았어야 했다. 따라서 원문의 내용을 살리려면 이렇게 옮겨야 한다.

수입과 실수령 주급에 4.333이 곱해져 있다.

역자가 오역하는 데는 다 이유가 있다

번역가는 '만능 번역기'가 아니다. 이런저런 이유로 잘못 옮길 때도 있고 본의 아니게 몇 줄이 누락될 때도 있다. 그도 '사람'이라 그런 것이다. 설령 오역이 전혀 없더라도(그럴 리는 없다!) 저자의 심정이나 생각을 100퍼센트 살려낼 수는 없다.

글은 옮기는 즉시 고유한 가치가 떨어진다. 번역가는 저자의 의도는 최대한 살려냈다는 데 만족할 뿐이다. 예컨대, '사실확인'이나 '진상확인'이라고 하면 될 것을 왜 JTBC는 굳이 '팩트체크 fact check'라고 할까? 우리말로는 전달할 수 없는 미묘한 의미 때문이 아니겠는가.

예컨대, 김소월의 「진달래꽃」을 아무리 잘 옮겼다 해도 영어로는 '이별의 정한'을 충분히 느낄 수 없는 것과 같은 이치다. 원문을 살리기 어려운 까닭은 언어·문화적 차이 탓도 있으리라.

참아줄 수 있는 오역

오역을 두고 생각해봐야 할 문제가 있다.

· 책 제목은 뜯어고쳐도 되는가?
· 각 장의 제목은 오역이라도 눈감아 줘야 하는가?

몇 가지 제목을 열거해보았다.

- Your Best Life Now
  긍정의 힘 (⇒ 긍정의 '긍'자도 없다)

- Secret
  시크릿 (⇒ 고유명사가 아니므로 '비밀'이라고 했어야 옳다)

- The Way is Made by Walking
  걸어서 길이 되는 곳, 산티아고 (⇒ '산티아고'는 없다)

- Meeting Excellence
  팀장님, 회의진행이 예술이네요 (⇒ '팀장님'은 없다)

- Good Intentions
  좋은 사람 콤플렉스 (⇒ '콤플렉스'는 보이지 않는다)

- Stimulated!
  당신 안의 아인슈타인을 깨워라! (⇒ '아인슈타인'은 없다)

원제를 그대로 옮기지 않았음에도 이를 두고 시시비비를 따지는 사람은 거의 없었다. 왜일까? 독자들이 위의 오역을 '참는' 까닭은 무엇일까? 바꾸어 말하면 제목은 편집자나 번역가의 재량에 따라 얼마든지 '창작'이 가능하다고 해도 과언이 아니라는 이야기가 된다.

꽤 오래 전(2009년) 고인이 된 패트릭 스웨이지Patrick Wayne Swayze 주연의 1990년 개봉작 「사랑과 영혼」의 원제목은 「Ghost」였다. 하지만 오역인데도 불만을 터뜨리는 사람은 거의 없었다. 원제목을 몰라서 그럴지도 모르지만 설령 알았다손 치더라도 이를 문제삼지는 않았을 것이다. 즉, '참아줄 수 있는 오역'이었다는 이야기다.

원제를 살린답시고 「Ghost」를 「원혼」이라고 붙였다면 오역은 아니지만 왠지 영화의 맥락이나 정서와는 사뭇 다르므로 관객은 반발했을지도 모른다. 이럴 땐 '정역'이 '오역'으로 전락하는 해괴한 해프닝이 벌어진다.

「죽은 시인의 사회Dead Poets Society(1989)」역시 바른 번역은 아니었다. '죽은 시인'까지는 맞는데 **Society**는 사회가 아니라 '학회'에 가깝기 때문이다. 그러니까 '죽은 시인회'로 옮기면 얼추 맞을 듯싶다.

결국, 책이든 영화든, 제목을 두고 편집자가 융통성을 발휘할 수 있는 까닭은 작품 전반에 흐르는 '맥'이나 이를 관통하는 '키워드'라면 무엇이든 제목이 될 수 있다고 믿기 때문이다. 아울러 제목을 두고 '클레임'이 없었다는 사실은 독자나 관객이 그에 공감했다는 방증이기도 하다.

그러나 브래드 피트Brad Pitt가 주연한 영화「가을의 전설The Legend of the Fall」을 두고는 논란이 적지 않았다. 한 가족의 몰락이 주된 내용인 탓에 '**Fall**'을 '가을'보다는 '몰락'으로 옮겨야 옳지 않느냐는 주장이 제기된 것이다. 물론 '가을'이 몰락을 상징한다며 이 주장을 일축하는 사람도 있으므로 굳이 오역이라고 못을 박지는 않으련다. 이처럼 제목은 주관적으로 옳다고 판단되면 타당한 번역으로 승격될 수도 있으니 '번역'에는 참 알다가도 모를 애매한 구석이 있다. 어쨌든 책이나 영화 등, 작품의 제목은 본문의 글과는 달리 창작의 범위가 매우 넓다.

그러면 각 장의 제목은 어떨까?

• Chapter 1: The Globalizing Economy
1장 글로벌 경제 (⇒ 글로벌화 돼가는 경제)

• Back to the Future
중국과 인도의 귀환 (⇒ '중국'과 '인도'는 없다)

• State Capitalism: A Post-Democratic Marketplace Rising in the East?
국가 자본주의: 동양에서 부상하는 비민주적 시장 (⇒ 의문문을 살리지 않았다)

• Bumpy Ride in Correcting Current Global Imbalances
누가 균형을 잡을 것인가 (⇒ '누가'라는 말은 없다)

• Diverging Development Models, but for How Long?
서구 모델의 대안은 있는가? (⇒ '대안'은 없다)

출처:『글로벌 트렌드 2025』(2009년 3월, 예문)

각 장의 내용을 꿰뚫는 '키워드'나 '어구' 혹은 '문장'도 각 장의 제목이 될 수 있다. 하지만 이를 두고는 시선이 곱지 않은 독자도 있었다.

> "솔직히 그 두꺼운 영문 보고서를 다시 읽을 생각은 없었다. 그냥 앞쪽의 서문이랑 목차 정도만 비교해볼 생각이었다. 하지만 이 목차들에서도 원래 제목에 비해서 너무 자극적으로 변해있었다. …… (중략) …… 원문의 본뜻을 훼손시킨 역자는 그가 지켜야 할 선을 넘어섰다."
>
> ── 출처: Yes24 홈페이지 블로그(작성자: 과학도)

안타까운 글이다. 내가 지켜야 할 선을 넘었다는 오해를 샀으니 말이다. 이번 기회에 독자에게 당부하고 싶은 말이 있다.

번역가는 책 이름을 비롯하여 각 장의 제목, 심지어는 추천의 글과 뒤표지의 추천사 및 저자 약력도 전부 옮기지만 최종 출간본에 그대로 반영된다는 보장은 없다. 또한 이를 누가 바꿨는지는 출판사 편집자 외에는 아무도 모른다. 번역가나 감수자도 모른다.

사실, 『글로벌 트렌드 2025』에서 각 장의 제목이 내가 옮긴 것과는 사뭇 달라 기분이 썩 좋지는 않았다. 처음에는 감수자가 바뀌으리라는 짐작에 '감수자'가 바뀠을 거라고 내 블로그에 올렸는데 실제 감수자로부터 '뜨끔한' 답장을 받고는 얼마나 죄송스러웠는지 모른다. 그분은(감수자) 바꾸지 않았다고 한다! 그러니 제목을 두고는 역자나 감수자 혹은 편집부 관계자 누구도 탓해서는 안 된다. 독자는 3자 중(역자, 감수자 및 편집자) 누가 작품에 손을 댔는지 알 도리가 없다. 괜히 애먼 사람 타박해서 상처 주는 일은 없어야겠다. 말이 나온 김에,『글로벌 트렌드 2025』는 언론에 적잖이 소개된 책인데 그에 힘입어 매출도 크게 올랐으리라 짐작된다.

같은 책 두 출판사서 동시에 번역 출간

외국 책자가 국내 출판사 두 곳에서 거의 동시에 단행본으로 번역 출간되는 흔치 않은 일이 일어났다. 미국 국가정보위원회(NIC)가 펴낸『글로벌 트렌드 2025』가 주인공이다. 예문 출판사는 이 책을 지난 2일자로, 한울 출판사는 5일자로 출간했다. 예문에서 낸 책은 전문번역가 유지훈·김수현씨가 번역했고 윤종석 문화체육관광부 홍보자료제작과장이 감수했으며, 한울의 책은 전문번역가 박안토니오씨가 번역했다. NIC가 이 책을 자유롭게 번역 출간하도록 허용한 바람에 두 출판사는 책이 나올 때까지 같은 책이 나온다는 사실을 전혀 몰랐다.

— 출처:『경향닷컴(2009년 3월 5일)』

두 출판사에서 거의 동시에 출간되었다는 점도 그렇지만 오역시비에 적잖이 휘말렸다는 점을 두고도 특이한 책이다. 전문가 박씨의 번역은 원문에 충실하려 했다는 흔적이 많이 보였다. 그래서인지 박씨의 편을 드는 독자가 많았다. 사실 감수자는 박안토니오씨보다 김수현씨와 함께 옮긴 책을 좀더 높이 평가하긴 했지만 예문에서 출간된 책을 문제삼는 독자도 더러 있었다.

반면, 영화를 두고는 오역을 문제삼는 일이 거의 없다. 영화 대본과 자막을 일반인이 마음껏 열람할 수 있다면 외화 번역가는 오역시비로 홍역을 앓을지도 모른다. 사실, 책보다는 영화가 오역이 더 심한 편이다. 프레임당 글자 수를 맞춰야 하는 까닭에 자세하고도 정확히 풀어 쓸 공간적인 여유가 없고, 재미를 끄집어낼 요량으로 '오버'해서 옮기는 일이 비일비재하기 때문이다.

그럼에도 관객은 오역을 문제삼지 않는다. 왜일까? 앞서 언급했듯이, 영화 한 편을 이해하는 데 아무런 어려움이 없었기 때문이다. 흐름을 저해하지 않는 한, 오역도 정역으로 추켜세우니 영화는 서적보다 관대한 편이다. 영어깨나 한다는 사람들이 원문을 내려받아 번역서와 일일이 비교해보며 '뭐 흠잡을 데가 없나' 하고 유심히 살펴본다면?

저자: 오우……, 노우(Oh, NO). 설레발을 삼가시오!

오역이 없는 번역서는 한 권도 없다. 오역의 기준이 사람마다 다른 탓에 얼마든지 이를 집어낼 수 있으니 털어서 '먼지' 안 나는 번역서는 없다는 것이다. 다만 저자의 의도에 얼마나 근접했느냐가 중요한 것이지 오역 여부를 가리는 것은 별 의미가 없을 것 같다.

1장(번역의 실체)에서 독자는 번역서를 경솔히 판단해서는 안 된다고 말했다. 가령, 화가가 여러분의 초상화를 그린 후 이를 다른 사람에게 판다고 생각해보라. 실력이 부족한 탓에 실물과는 달리

코는 매부리코가 됐고 입술은 삐죽 나왔다면 "그림을 못 그렸다" 고 판단할 수 있는 사람은 누구겠는가? 그림의 모델을 알지도 못 하는 손님일까? 아니면 모델일까?

(화가가 모델의 초상화를 그린다)

화가: 쓱, 쓱, 쓱…… (그림 그리는 소리)

모델: (완성 후) 음, 코가 매부리코인 데다 입술이 너무 삐죽 나왔군요.

화가: 죄송합니다…….

손님: (그림을 사러 갔다가) 이 그림 얼마예요? 코가 인상적인 데다 입술은 안졸리나 졸려처럼 섹시한 걸. 마음에 쏙 들어요.

화가: (머쓱해 한다) 아, 예…….

· 화가 ⇒ 번역가
· 모델 ⇒ 원저자
· 손님 ⇒ 독자

왜 오역하는가?

그렇다면 번역가들은 왜 오역할까?

· 글을 이해하지 못해서
· 실수로 문장을 빠뜨려서
· 글을 오해해서

번역가들이 모두 외국어의 달인은 아니다. 너무 난해하여 읽어도 도통 알 수가 없는 원문도 있는데 이를 옮기려면 정말이지 죽을 맛이다. 교실에서 배운 영어로 현장 영어를 읽고 번역하려니 얼마나 어렵겠는가? 여러분은 우리나라 문학을 전부 이해하며 읽는가? 이를테면, 이문열님의 『사람의 아들』은 얼마나 이해했는가? 대학물을 먹었다는 사람도 이해하기가 쉽지 않은 구절이 많은데 이는 독자가 저자의 배경지식을 따라잡지 못한 때문이다.

어쨌든 문화적인 차이와 저자의 배경지식을 번역가가 다 섭렵하기란 거의 불가능하다. 따라서 번역가는—완벽은 불가능하겠지만—외국어와 우리말뿐 아니라 배경지식을 늘리기 위해서도 끊임없이 노력해야 한다. 그런데 혹시라도 이해하지 못한 부분이 있다면 그는 어떤 '용단'을 내려야 할까? 저자에게 물어서 답을 알면 더할 나위 없이 좋겠지만 그럴 형편이 아니라면?

극단적으로는 이를 과감히 빼버리는 사람이 있는가하면(오역을 할까봐 겁이 나서 그럴 것이다) 100퍼센트 직역을 해버리는 사람도 있다. 실은 둘 다 꺼림칙한 것은 마찬가지다. 아무리 직역을 했다손 치더라도 원문을 이해하지 못한 탓에 바른 번역을 했는지 자신이 없기 때문이다. 최고의 베스트셀러로 추앙받는 성경에도 원문의 단어를 빼버린 글이 적지 않다.

또한 퇴고할 시간이 부족해서 역자가 오역을 충분히 교정할 수 있는데 그러지 못하는 경우도 많다. 여유를 두고 번역하면 좋겠지만 출판사의 스케줄에 번역을 맞추다보니 '초고속'으로 일을 끝내야 할 때도 있다. 그럴 경우 좋은 번역은 기대하기가 어렵다고 봐야 한다.

번역기, 가능한가?

이렇게 흠이 많은 번역가 대신 기계의 힘을 빌리면 번역계의 형편이 좀 나아지려나? 번역기의 가능성을 점치는 기사가 요즘 부쩍 증가한 듯 보인다. 십여 년 전에도 나는 출판번역을 두고는 통·번역기 개발이 불가능하다고 생각했다. 지금도 그 견해에는 변함이 없는데, 다음 사례를 보면 조금이나마 공감할 것이다.

What motivated you to write the book?

We live in a world with a billion people who are overweight, and a billion people starving. What I wanted to show was both why that happens, and to explain how the same forces are behind both outcomes.

What is the right choice consumers have to make in order to help the poor and starved?

There are some ethical consuming decisions (eat locally, seasonally, sustainably, and much less meat). But the most important thing we can do is to remember that we are more than consumers—we're citizens, and we can take political responsibility and political action to change the world that has been built in our name.

당신이 그 책을 작성 동기?

우리는 세상에서 과체중입니다. 10억 사람들과 그리고 사는 수많은 사람들이 굶어. 내가 둘 다 왜 그런 일이 어떻게 동일한 세력 모두 결과 뒤에 설명했다 보여주고 싶었어요.

무엇이 옳은 선택 소비자 위해서는 가난하고 굶주린 도움을 위해 해야입니까?

몇 가지 윤리적인 소비 결정(로컬, 계절에, 지속 먹고, 그리고 훨씬 더 적은 고기)이 있다. 하지만 우리가 할 수 있는 가장 중요한 것은 우리가 더 이상 소비자들이 기억하는 것입니다—우리는 시민이고, 우리의 이름으로 만들어졌습니다. 세상을 바꾸기 위해 정치적 책임과 정치적 조치를 취할 수 있습니다.

― **구글 번역기**(2010년) ―

구글google에서 발췌했는데(2010년) 번역기를 쓰고 싶은 생각이 싹 달아나는 건 나만의 생각일까? 반말로 쓰다가도 뜬금없이 경어가 튀어나온다. 컴퓨터도 가끔은 예절을 아는 모양이다. 위 예문은 한국일보 기자의 요청으로 교환한 (질문은 기자분이 우리말로 쓴 것을 필자가 영어로 옮긴 것이다) 원저자의 이메일 내용 중 일부를 발췌한 것이다. 솔직히 그때는 영한번역기가 왜 있어야 하는지 정말 몰랐다.

영어는 우리말보다 단어의 범위가 넓다. 예컨대, '**travel**'은 '(비교적 먼 거리를) 간다'는 뜻이므로 '소풍을 간다'거나 '해외 바이어가 어디를 방문한다'거나, '대통령이 해외를 순방한다' 등 다양하

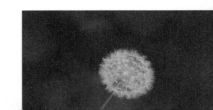

게 옮길 수가 있는데 흔히 알고 있듯이 '여행'으로 일괄 번역하면 오역이 되기 십상이다. 게다가 문화를 이해하지 못해 우리말로 정확히 옮기지 못하는 경우도 비일비재하다.

'영어 단어 5개로 6조 4천억 개의 문장을 만들 수 있다'는 이야기를 들은 적이 있다. 그렇다면 1개부터 10개까지의 단어로 만들 수 있는 문장은 가히 상상도 할 수 없을 만큼 어마어마할 테니 단순한 문장 입력이 번역기의 해법은 될 수 없으리라. 현재 유통되는 통·번역기는 단순한 인사말이나 아주 기초적인 문장이 전부다.

2010년 당시 적용되던 '어구기반 기계번역'은 문장을 단어나 어구로 나눠 번역한 후 결과를 조합하여 출력했다. 사전에서 적합하리라 판단되는 어구를 조합하여 번역한 탓에 결과문에는 오류와 어색한 표현이 비일비재했으나 2016년에는 '신경망기반 기계번역Neural Machine Translation' 서비스가 도입되면서 번역업계는 큰 충격을 받았다.

기술적인 원문은 전문적인 용어가 다수 포함되어 있고 난해한 언어논리로 표현하지 않아 용어 선택이 적절하면 어색하지 않은 번역이 가능하다. 얼마 전 필자가 만난 ○○출판사 대표도 신경망 번역서비스인 파파고에 감탄을 금치 못했다. 번역회사 대표를 겸하고 있어 네이버 파파고나 구글의 신경망 번역이 남일 같진 않았을 것이다. 얼마 전 바둑으로 커제 9단을 완파한 알파고를 보면, 수천 혹은 수만 회의 대국을 스스로 학습하여 가장 유리한 경우의 수를 찾아내니 사람이 인공지능을 따라잡기가 과연 가능할까 싶기도 했다.

인공신경망 번역도 마찬가지로, 수많은 인공신경망으로 구성된 인공지능이 개발자에게 언어를 배우고 나면 수많은 언어소스를 자습해 가면서 번역의 성능을 개선하는 프로세스를 거친다. 기존에 적용해온 일괄적인 단어조합의 한계는 넘었다고 봐야 한다. 물론 단점도 있다. 속도가 비교적 느리다는 것인데, 복잡한 신경망을 거쳐 번역이 진행되기 때문에 원문이 길어지면 처리속도가 급격히 느려진다. 이는 파파고(네이버)가 200자를 넘지 않도록 제한을 둔 이유이기도 하다.

혹시라도 정확도가 99퍼센트까지 향상된다면 번역계의 풍속도 달라질 것이다. 능동적인 '전문 번역'에서 '전문 감수'로 역할이 전환될 공산이 크다. 작가가 글을 쓰고 나면 윤문이나 교정 절차를 거쳐야 하듯, 번역도 기계가 제대로 번역했는지 확인하는 사람은 반드시 필요할 거라는 이야기다. 번역가의 역할 축소는 임금 감축으로 이어져 제3의 직업군이 형성되지 않을까 싶다. 이를테면, 번역 감수와 교정뿐 아니라 고객의 마음을 끌어당길 수 있도록 언어를 감칠맛 나게 바꿔주는 '언어 크리에이터language creator'가 주목을 받을 날이 올지도 모르겠다. 단순한 번역기술만으로는 입에 풀칠하기 힘들어진다는 말이다.

그럼 2010년 번역기는 2017년인 현재까지 얼마나 진화했는지 확인해보자(추가적인 편집은 하지 않았다).

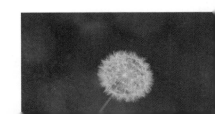

What motivated you to write the book?

We live in a world with a billion people who are overweight, and a billion people starving. What I wanted to show was both why that happens, and to explain how the same forces are behind both outcomes.

What is the right choice consumers have to make in order to help the poor and starved?

There are some ethical consuming decisions (eat locally, seasonally, sustainably, and much less meat). But the most important thing we can do is to remember that we are more than consumers—we're citizens, and we can take political responsibility and political action to change the world that has been built in our name.

당신이 그 책을 작성 동기?

우리는 세상에서 과체중입니다. 10억 사람들과 그리고 사는 수많은 사람들이 굶어. 내가 둘 다 왜 그런 일이 어떻게 동일한 세력 모두 결과 뒤에 설명했다 보여주고 싶었어요.

무엇이 옳은 선택 소비자 위해서는 가난하고 굶주린 도움을 위해 해야입니까?

몇 가지 윤리적인 소비 결정(로컬, 계절에, 지속 먹고, 그리고 훨씬 더 적은 고기)이 있다. 하지만 우리가 할 수 있는 가장 중요한 것은 우리가 더 이상 소비자들이 기억하는 것입니다―우리는 시민이고, 우리의 이름으로 만들어졌습니다. 세상을 바꾸기 위해 정치적 책임과 정치적 조치를 취할 수 있습니다.

— **구글 번역기**(2010년) —

⇩

책을 쓰게 한 동기는 무엇입니까?

우리는 과체중 인 10 억 인구와 굶주리는 10 억 인구가 사는 세상에 살고 있습니다. 제가 보여주고 자했던 것이 두 가지 모두가 일어난 이유 였고, 같은 결과가 두 결과 모두에 어떻게 작용 하는지를 설명하기 위해서였습니다.

가난하고 굶주린 사람들을 돕기 위해 소비자가해야 할 올바른 선택은 무엇입니까?

일부 윤리적 소비 결정(현지에서, 계절적으로, 지속 가능하게, 그리고 훨씬 적은 고기 섭취)이 있습니다. 그러나 우리가 할 수있는 가장 중요한 일은 우리가 시민 일뿐만 아니라 정치적 책임과 정치적 행동을 취하여 우리의 이름으로 세워진 세상을 변화시킬 수 있다는 것을 기억하는 것입니다.

— **구글 번역기**(2017년) —

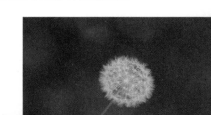

이 책을 집필하게 된 동기가 궁금합니다.

우리는 10억명의 사람들이 살고 있는 세상에서 살고 있고, 십억명의 사람들이 굶주리고 있습니다.* 제가 보여 드리고 싶은 것은 두가지 결과가 어떻게 작용하는지 설명하는 것이었습니다.

* 지구촌의 모든 사람이 굶주리고 있다는 말이 되고 말았다!

소비자들이 가난하고 굶주린 사람들을 돕기 위해 무엇을 해야 하는가?

몇몇 윤리적인 결정들이 있습니다. 지역적으로, 계절적으로, 지속 가능하고, 그리고 훨씬 적은 고기를 먹습니다. 하지만 우리가 할 수 있는 가장 중요한 것은 우리가 소비자들보다 더 많은 것을 가지고 있다는 것입니다. 우리는 시민이고, 우리는 우리의 이름으로 지어진 세상을 바꾸기 위해 정치적인 책임과 정치적인 행동을 취할 수 있습니다.

— 네이버 파파고(2017년) —

재번역

책을 저술하게 된 동기가 궁금합니다.

전 세계 기아·비만 인구는 각각 줄잡아 10억 정도 됩니다. 세상이 이 지경이 된 이유를 비롯하여, 하나의 원인이 기아와 비만을 부추긴 경위를 밝히고 싶었습니다.

빈곤과 기아를 퇴치하기 위하여, 소비자는 무엇을 선택해야 할까요?

우선 도의적인 면을 감안해서 선택해야겠죠. 예컨대 토산물을 비롯하여, 제철과 환경을 생각해서 재배할 수 있는 먹거리를 섭취하되 육류는 대폭 줄여야 합니다. 하지만 무엇보다도 '소비자'라는 소극적인 정체성에서 벗어나 한 '국민'으로서 세상을 바꿀 수 있도록 정치적인 책임까지도 감당하려는 자세가 절실히 필요할 것입니다.

인공지능이든 단순 기계번역이든, 결정적인 맹점이 하나 보인다. 한 베테랑 번역가의 말마따나 사전을 탈피하지 않으면 정교한 번역은 어렵다는 것인데, 사전에 등재된 단어를 그대로 쓰는 한 문학번역은 불가능할 정도로 요원한 일이 될 것이다. 문학은 인공지능은 느낄 수 없는 정이 담겨 있어 그렇기도 하다.

전 세계에는 약 6,900개의 언어가 존재하고, 실제로 널리 사용되고 있는 언어는 130개 정도 된다. 성경을 보면 한 민족이 70개의 민족과 언어로 갈라졌다고 한다(창세기 10장 1~20절). 그 후 바벨탑 사건을 초래한, 소통의 혼란을 극복하기 위해 인류는 IT 및 AI에 기반을 둔 번역기술을 개발해왔다. 누구에게는 반가운 손님이요, 누구에게는 불청객이 되겠지만 말이다.

번역서를 리콜하라!

한 누리꾼이 해외 문학 번역서를 두고 인터넷 게시판에 올린 글이 있다. 문학 번역서를 읽다가 오역이 심해 도통 무슨 이야기인지 몰라 짜증이 난다며 이를 '리콜recall' 하라는 내용이었다. 번역가로서 공감은 가나 동감할 순 없었다.

독자가 엉터리 번역을 문제삼을 때는 언제인가? 앞뒤 문맥이 맞지 않거나 아무리 읽어도 도통 이해가 가지 않으면 그제야 "날림 번역"이라고 지적할 것이다. 하지만 술술 읽히고 이해하기가 쉽다고 해서 오역이 없다는 보장은 없다.

예컨대, 『신데렐라Cinderella』의 원문에 따르면, 신데렐라는 유리 구두가 아닌 다람쥐의 '모피'로 만든 구두를 신었다고 전해진다. 그러나 프랑스 작가 샤를 뻬로Charles Perrault가 1697년에 원작 동화를 번역하면서—그가 창의력을 발휘했는지 확인되지는 않지만—생소한 '털가죽'을 '유리'로 고친 것이다. 솔직히 털구두 보다는 유리구두가 더 로맨틱하지만 심각한 오역임에는 틀림이 없다. 작품의 주요 소재가 완전히 둔갑해버렸으니까.

그럼 오역이 눈에 들어올 때 독자는 이를 어떻게 대처해야 할까?

독자 1: 자질이 부족한 역자를 인터넷에 까발리고 그의 자존심에 흠집을 낸다.

독자 2: 정확한 뜻이 (혹은 저자의 의도) 무엇인지 출판사나 역자에게 물어본다.

"아, 날림번역을 했던 그 사람!"이라며 번역가를 생매장하려 들지는 말자. 앞서 말했지만, 역자도 사람인지라 아무리 조심하고 꼼꼼히 옮겼다고 해도 워낙 분량이 방대하다보면 실수하게 마련이고 이를 편집자나 감수자가 파악하지 못하면 오역이 그대로 책에 '밀반입'될 수도 있다(S출판사 편집부는 원고를 세 번씩이나 검토했다는데도 출간된 책에 오타가 몇 군데 있었다!).

또한 마감시한을 비롯하여 외국어·우리말 실력 등, 번역의 차이를 낳는 변수는 매우 다양하다. 그러니 좀더 넓은 마음으로 책을 읽되 이해가 가지 않거나 의문점 혹은 불만이 생긴다면 번역자의 블로그나 출판사 게시판에 문의하라.

다음은 어느 독자가 내 블로그에 남긴 글을 발췌한 것이다.

『좋은 사람 콤플렉스』독자입니다. 다름이 아니라 책을 읽는 중에 [complex 5 _불합리한 추론에 근거한다] p177에서 '간호원'이라고 번역하셨는데요. 간호원은 전문적 지식인으로써 간호사를 대접하지 않는 그런 표현이라 생각됩니다. 간호사는 의료법에서 정하는 전문교육을 받고 국가시험에 합격한 후 보건복지부 장관의 면허를 받은 자로서 의사의 진료를 돕고 상병자나 해산부를 돌보는 업무를 수행하는 전문인입니다. 간호원은 의사에 비해 간호사를 낮추는 호칭이었기에 현재는 간호사라고 '사'가 들어가는 호칭으로 바뀌었습니다. 혹시 제 글의 기분 나쁘셨다면 죄송합니다. 앞으로 번역하실 때 주의해주셨으면 좋겠습니다.

—ID: cleanyongsu

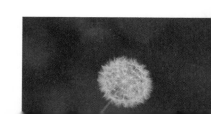

얼마나 아름답고 정중한 지적인가! 오역이 발견되면 이를 다행으로 알고 출판사의 독자 게시판에 저자의 바른 의도를 지적해주거나 이를 모를 경우에는 역자에게 바른 뜻을 물으면 된다.

독자의 본분은 번역가의 흠을 잡는 것이 아니라 저자의 의도를 바르게 파악하고 책에서 원하는 정보를 얻어내는 것이다. 그러니 될 수 있는 한 역자의 명예를 훼손하지 않는 범위에서 바른 내용을 습득할 수 있도록 노력해야 하고, 그러려면 역자의 메일이나 블로그 혹은 출판사 게시판을 적극 활용하면 좋을 것이다. 미심쩍은 부분이 있다면 역자에게 직접 물어야지 번역가 탓만 해서 해결되는 일은 아무것도 없다.

작품에 '손'을 대야 할 때

믿기진 않겠지만 오역이 '불가피'할 때도 있다. 특히 원문에 문제가 있을 땐 어쩔 수 없이 오역을 해서라도 이를 바로 잡아야 한다. 역자의 양심이 발동하면 이를 가만히 둘 수가 없기 때문이다. 작품에 '메스'를 대야 하는 경우는 다음과 같다.

- 논리가 맞지 않다
- 사실과 다르다
- 글이 매끄럽지 않다
- 같은 말을 지루하게 반복한다
- 언어문화가 다르다

...... from Darfur to Caracas to Rangoon, the rallying call of Washington for 'democracy' and 'human rights' had to be taken with at least a large grain of salt. Most often the taste was beyond bitter; it was un-palatable.

다르푸르에서 카라카스 및 랭군에 이르기까지 미국 정부가 외치는 '민주주의'와 '인권'을 곧이곧대로 믿어서는 안 된다. 쓰디쓴 결과를 초래할 수 있을 테니까.

— 『전방위지배Full Spectrum Dominance』 중에서

어디가 오역인가? 원문에는 '**salt**(소금)'가 있으나 역문에는 '소금'이 없다. '**take something with a grain of salt**'는 관용어구인데 이를 원문대로(소금 알갱이 하나까지도 받아들이다) 옮기자니 내용의 의미가 분명히 전달되지 않고 의역하자니(곧이곧대로 믿어서는 안 된다) 다음 문장의 '**taste**(맛이 나다)'라든가 '**bitter**(쓰다)' 혹은 '**un-palatable**(입에 맞지 않는)'에 대응되는 말을 찾기가 애매해지므로 역자는 문화적 딜레마에 빠지게 된다. 그러니 두 문장을 자연스럽게 연결하려면 어느 한쪽은 오역이 돼야 한다. 그래서 본문에는 없는 말(쓰디쓴 결과를 초래할 수 있다)을 지어낸 것이다.

논리적으로 말이 통하지 않을 때도 난감한 건 마찬가지다.

Inbreathe love that you may forgive.
용서할 사랑을 들이쉬라.

— 『성공의 심리학Original Psychology of Success』 중에서

원문대로 옮기고 나니 뭔가 이상한 생각이 들었다. 논리적으로 맞지 않은 문장이기 때문이다. 사랑은 용서의 대상이 아니다. 왜 사랑을 용서하는가? 그래서 다음과 같이 원문을 '조작'하기로 했다.

"남을 용서할 수 있도록 사랑을 들이쉬라"

성경이라서 행복해요

갖은 오역시비에도 일반인(대개는 크리스천)에게 큰 호응을 얻고 있는 책이 있다면 단연 '성경The Bible'일 것이다. '하나님의 감동'으로 된 말씀으로 알려진 탓에 오역에 관대한 듯싶기도 하지만 "성경 번역본은 하나님의 감동으로 이루어진 것이 아니다."라고 하면 나를 질타하는 크리스천도 있을지 모르겠다.

번역본이 신神의 감동으로 쓴 것이라면 영어성경과 우리말 성경 혹은 히브리어(혹은 그리스어) 원전의 내용 중 일부가 각각 다를 뿐 아니라 역본에 따라 누락된 단어도 적지 않다는 점은 석연치 않다. 게다가 번역본에 따라 일부 내용이 다르니(개역한글과 개역개정 중에는 정반대로 번역된 구절도 있다!) 어떤 성경을 읽어야 할지도 애매할 것이다.

예컨대, 번역을 하지 말아야 할 부분을 번역한 글귀도 눈에 띈다. 다음 사례는 도시를 일컫는 고유명사 '로드발Lo debar'과 '가르나임Karnaim'을 그대로 풀이하여(허무한 것, 뿔들) 웃지 못할 해프닝을 연출하고 말았다. 마치 '대전(大田)에 있는 고등학교를 졸업했다.'를 '큰 밭(대전)에 있는 고등학교를 졸업했다.'고 옮긴 것처럼 말이다. 다행히 『쉬운 성경』은 이를 바르게 번역했다.

You who rejoice in the conquest of Lo Debar and say, "Did we not take Karnaim by our own strength?

(아모스 6장 13절)" (NIV)

허무한 것을 기뻐하며 이르기를 우리는 우리의 힘으로 뿔들을 취하지 아니하였느냐 하는도다(개역개정).

너희는 로드발이 점령되었다고 기뻐하고 "우리가 우리 힘으로 가르나임을 정복했다."고 말한다(쉬운 성경).

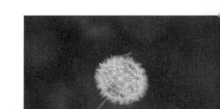

3. 단서Clues

"하쉐임יהוה"
"갓God"
"하나님"
"하느님"
"여호와"
"알라"

영어 '갓God'은 알겠지만 '하쉐임'은 좀 낯설지 싶다. 괄호 안의 문자는 히브리어로 개신교와 유대교에서 말하는 하나님의 고유한 이름이다.

유대인들은 '하나님의 이름을 망령되이 일컫지 말아야 한다'는 열 마디의 말씀—흔히 '십계명Ten Commandments'으로 알고 있지만 원어로는 '열 가지 말씀Ten Words'이 더 정확하다—중 하나를 지키려고 지금까지 그분의 이름을 발음하지 않고 있다.

성경을 필사했던 사람들도 'יהוה'가 나오면 목욕을 하고 기록했다는 에피소드는 개신교인이라면 익히 들어봤을 것이다.

과거 유대인들은 하나님의 이름을 "아도나이(אדוני, 나의 주)"라고 읽었다가 후대에는 하쉐임(השם, 그 이름 혹은 구별된 이름)으로 이를 대신했다.

우리나라 사람들이 아버지의 성함을 함부로 부르지 않는 것처럼 유대인의 문화도 우리와 흡사한 면이 있는 듯싶다. 그런데 개신교인들은 여호와ההה라며 하나님의 이름을 함부로 부른다. 사실, "여호와"는 히브리 문자의 정확한 발음이 아니라서 그럴지도 모르겠다.

히브리어는 모음이 없는데다 '구별된 네 문자(하나님의 이름)'는 예부터 발음하지 않았던 단어였기에 이를 읽을 수 있는 사람은 아무도 없다. 물론 아브람Abram이 처음 제단을 쌓았던 곳에서 하나님의 이름을 불렀다고 기록했으므로(창 13:4), 꼭 알고 싶다면 천국에 가서 그분께 여쭈어보면 확실히 알 수 있을 것이다. 안 가르쳐 줄 수도 있지만…….

어쨌든 세인은 '신神'을 이렇게 불러왔다. 언어가 다르니 호칭도 각각 다른 소리가 나는 탓에 신의 호칭을 옮길 때도 고심해야 할 때가 더러 있다.

가톨릭(하느님), 혹은 유대교(하쉐임), 이슬람교(알라), 개신교(하나님)에 따라 호칭이 달라진다. 'Catholic(가톨릭)'이라는 단서가 붙었다면야 어려울 것 없이 '하느님'이라고 옮기면 그만이겠지만 다들 성당이나 예배당을 모두 'church'라고 하니 여간 혼란스러운 게 아니다. 필자는 일단 '하나님'으로 옮기고 나서 오역이라고 판단되면 편집기능을 이용하여 일괄 수정한다. 집에서나 교회에서 줄곧 들어왔기에 다른 이름보다는 '하나님'이 좀더 친근하기 때문이다.

종교가 무엇이요?

언젠가 리더십 책을 번역하다가 '**God**'을 아무 생각 없이 '하나님'으로 옮긴 적이 있다. 300페이지 남짓 되는 책이었는데 약 250페이지에 이르기까지 모두 '**God**'을 기계적으로 '하나님'이라고 타이핑했다. 이젠 무의식적으로 저자가 개신교인일 거라고 거의 100퍼센트 확신할 무렵—암묵적으로 이를 받아들이려는 찰나에—충격적인 구절이 '252페이지'에 나타났다.

"**I crossed myself and said a prayer.**"
(나는) 가슴에 십자가를 긋고 기도했다.

"앗!"

'당혹감에서 오는 외침'이라 해야 할지 아니면 '지적인 충족에서 오는 즐거운 비명'이라 해야 할지는 잘 모르겠으나 어쨌든 '편집'을 클릭click하여 하나님을 모두 '하느님'으로 수정하고, 교회도 '성당'으로 모두 편집해 버렸다.

솔직히 썩 내키진 않지만 정확한 번역이 중요하니 도리가 없었다. 개인적인 견해로는 '하나님'이라 해야 어울린다고 생각해도 저자가 가톨릭교도라면 그네가 쓰는 '하느님'으로 옮겨야 마땅하기 때문이다.

개신교인은 가슴에 십자가를 긋고 기도하지 않는다. 이처럼 글을 읽다보면 뜻하지 않게 결정적인 단서를 만나는 경우가 종종 있으므로 번역하기 전 정독은 굉장히 중요하다. 아니나 다를까, 후속 작품에서 저자는 자신의 가정환경을 이렇게 기술했다.

> "I grew up in a very strict Catholic family and attended Catholic boys' school......."
> 필자는 엄격한 가톨릭 가정에서 자랐고 가톨릭 학교를 다녔다….

물론 원고는 몇 주 전에 회사에 넘기긴 했지만 이를 발견하고 나서야 제대로 옮겼다는 사실에 마음이 한결 가벼워졌다. 분명한 증거가 없고 100퍼센트 확신이 없을 땐 번역이 '고역'이 된다. 마치 거짓일지 모를 글을 진실인 것처럼 쓰고 있다는 생각이 들기 때문이다. 마음도 시원치가 않다. 독자는 원문을 모르니 읽으면서도 뭐가 맞고 틀린지를 눈치 채지 못할 게 뻔하다.

그러니 '사기'를 치지 않으려면 단어 하나, 고유명사 하나에도 정신을 바짝 차려서 옮겨야 한다.

혹시라도 출판사 게시판이나 포털 사이트에 '오역 신고'라도 게재되는 날엔 자격지심에 번역을 때려치우고 싶다는 생각이 들지 모르니 말이다.

위의 예문은 2008년 베이징올림픽 미국대표팀의 '마이크 슈셉스키Mike Krzyzewski' 감독이 쓴 자기계발서에서 발췌한 글이다. 번역서에는 마이크 크루지제프스키로 소개되었는데, 처음 접했을 때 이를 어떻게 읽어야 할지 막막했다. 그래서 인터넷 기사를 검색

하여 정확한 이름(슈셉스키)으로 옮겼으나 출판사의 편집부 직원은 이를 다시 크루지제프스키로 바꿨다! 왜 그랬는지는 아직도 모르겠다. 농구 감독이 쓴 책이라 아무래도 농구에 대한 전반적인 지식과 용어를 무장해야 했다. 물론 하루아침에 그럴 수는 없었다.

스포츠는 영 젬병이라 용어는커녕 룰도 잘 몰랐던 나였기에 조간신문에 게재된 농구섹션은 매일 정독했고 용어와 관계자들의 입말을 두루 섭렵했다. 또한 어색하지 않은 범위 내에서 습득한 말은 꼬박꼬박 원고에 써넣으려고 애를 썼다. 단 한번만이라도 써먹은 말은 머리에 오래 남는다.

한 달 남짓 그러다보니 어느 정도 요령이 생겼다. 정치·경제를 비롯하여 스포츠까지 골고루 배울 수 있는 신문은 정말 위대한 스승이자 '번역 도우미'라 자부한다. 별도의 수고가 없으면 깔끔하고 생동감 있는 번역을 기대할 수 없다.

저자의 심중을 전달하는 데 그친다면 역문은 밋밋하고 '감칠맛'이 죽어 독자는 현장 분위기를 전혀 느낄 수가 없다. 그러나 미국 농구 '마니아'라도 모르거나 인터넷을 아무리 뒤져도 찾을 수 없는 용어가 나온다면 문제가 심각해진다. 예컨대,『마음으로 이끌어라Leading with the Heart』를 옮길 때 'Big Dance'라는 단어를 놓고 얼마나 씨름을 했는지 모른다. 처음에는 비유적 표현인 것처럼 어설프게 꾸며서 '무도회'라고 옮겼다가 영 앞뒤가 맞지 않아 나중에 고친 적이 있다.

번역회사 편집부 직원도 귀신같이 이를 지적하면서 원문을 보고 수정해 달라고 당부했다. '대문자'로 시작하거나 '따옴표'를 붙이는 단어는 사람들이 보통 알고 있는 단어의 뜻과는 다소 거리가 있다는 것 정도는 알고 있어야 한다.

하지만 인터넷을 검색해도 없다면 나로서는 알 길이 없다. 앞뒤 문맥을 보고 얼추 맞다싶으면 넘어가고픈 충동이 밀려올 때도 가끔은 있다. 그럴 때마다 편집부의 따끔한 충고를 듣거나 분홍·파란색으로 쓴 '수정 바랍니다'를 보는 순간, 나는 다시 정신을 차리고 정확히 번역하려고 몸부림쳤다. 이게 바로 초보의 시행착오가 아닐지 싶다.

There also tends to be some pressure when preparing for the Big Dance.
선수들은 'Big Dance'를 준비할 때도 약간 긴장하는 편이다.

당시 **'Big Dance'**를 뭐라고 옮겼는지 정확히 기억할 수는 없지만 원문을 계속 읽어가는 도중 뜻밖에도 11장에서(원문 169페이지) 'Big Dance'의 정체가 드러났다. 이를 발견한 순간 닭살이 돋은 나는 마치 신의 뜻을 발견한 듯한 '깨달음epiphany'의 마력에 사로잡혔다.

Players and coaches are happy. Parents are happy. Fans are happy. Everybody's happy. Maybe that's why they call **the Final Four the Big Dance.**

선수와 코치들, 부모, 팬들 할 것 없이 모두들 기뻐서 어쩔 줄 모른다. 그래서 4강을 '빅댄스Big Dance'라고 하는가 보다.

화자·청자의 관계와 연령을 파악할 때도 단서를 찾아야 할 때가 있다. 자칫하면 나이가 많은 상대에게 반말을 하는 '무례한' 경우가 발생할 수도 있으니까. 등장인물이 많으면 특히나 신경을 써야 한다. 다음 글을 옮길 땐 누가 누구의 선배인지가 헷갈려 번역문에서 편집키로 그랜트와 크리스천을 찾아 선후배 관계를 파악했다.

"Coach, if Grant throws a good pass, I'll catch it."

"감독님, 그랜트가 잘 던져준다면야 못할 것도 없죠."

"감독님, 그랜트 선배가 잘 던져준다면야 못할 것도 없죠."

화자는 크리스천 래트너Christian Laettner였는데 이를 어떻게 옮겨야 맞을지 고민했다. 아래처럼 옮겼다가 그랜트가 후배라는 것이 드러나기라도 하면 무슨 망신을 당할지 모를 테니까 말이다. 확률이야 반반이겠지만 일단 단서를 열심히 찾는 수밖엔 없었다. 크리스천과 그랜트의 학년을 구체적으로 밝혔다면 굳이 고민하지 않아도 됐겠지만 원문은 나의 편의를 호락호락 봐주지 않았다.

In the early 1990s, I did that with Bobby Hurley, Christian Laettner, and Grant Hill. When Grant was a freshman, I told Bobby and Christian that this kid was special. "He's such a good guy," I told them, "that he's going to be polite and stand in line because he respects authority. Well he's too good a player to stand in line. He'll look at you two guys and he'll think, 'it's their team.' I want you two to pull him in, build a bond with him, and make him know that this is his team, too."

1990년대 초, 바비 헐리와 크리스천 래트너 및 그랜트 힐에게 이같이 주문했다. 당시 그랜트가 신입생이었을 때 나는 바비와 크리스천에게 "그는 특별한 재주꾼"이라고 말했다. "정말 멋진 놈이야. 그랜트는 선배들에게 깍듯이 대할 것이고 줄도 잘 서리라 믿는다. 윗사람을 공경할 줄 아는 친구니까 말이야. 요즘 줄을 똑 바로 서는 선수들은 흔치 않지. 그랜트는 너희 둘을 보면서 '선배들 팀'이라고 생각할거야. 하지만 너희가 그랜트를 잘 챙겨주면서 '그랜트 팀도 된다'는 소속감을 심어주도록 해라."

이로 미루어보아 크리스천은 그랜트의 선배임이 분명하니 첫 번째 번역이 옳다. 그러고는 그랜트와 제프의 관계도 따져봐야 했다.

Jeff Capel pulled the team together for a quick huddle. "Okay, guys," he said, "Grant carried us this far. It's time for us to step up."

제프가 팀원들을 잠시 모아놓고 말을 꺼냈다.
"그랜트 선배가 여기까지 끌어주었으니 이젠 우리가 뛸 차례예요!"
"그랜트가 여기까지 끌어주었으니 이젠 우리가 뛸 차례야!"

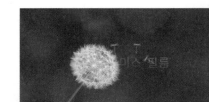

> During the first half, one of our freshmen, Jeff Capel, was playing particularly well. ...... Here was our team's star player, a senior encouraging a freshman on the team, during a crucial moment. As a coach, I was delighted because Grant Hill saying that to Jeff Capel was much better than me saying it alone.
>
> 전반전 때 1학년 제프 케이플Jeff Capel은 탁월한 경기력을 선보였다. ...... 위기의 순간에도 풋내기 신입생에게 자신감을 심어주는 4학년 고참 선수가 바로 우리의 에이스였다. 나 보다는 그랜트가 격려해 주는 것이 더 보기 좋았고 감독으로서 마음이 흐뭇했다.

제프가 1학년일 때 그랜트가 4학년이었으니 첫 번째 번역이 옳다. 이외에도 '**brother**' 와 '**sister**' 를 옮기는 것도 쉽지가 않다. 영어권 사람들은 윗사람·아랫사람을 구분하는 것이 별로 중요하지 않은 듯 보이는데 그래서 번역가만 부담이 늘었다. 한국은 신분의 높낮이에 따라 호칭이 달라지는 탓에 원문처럼 '형제' 나 '자매'로 옮긴다면 독자는 누가 윗사람인지 궁금해 할 게 뻔하다. 따라서 등장인물의 나이나 주변 정황을 보고 형인지, 오빠인지, 언니인지 동생인지 구체적으로 밝혀야 한다.

다윗과 골리앗

성경에도 절묘한 단서가 셀 수 없이 등장한다. 그래서 넋 놓고 읽었다간 매우 중요한 단서를 놓치기 십상인데, 이번 기회에 기독교인이 아니더라도 익히 알고 있는 '다윗과 골리앗 장군' 의 비화를 들려줄까 한다. 소년 다윗이 거구인 골리앗 장군과 싸웠다고들 생각하는데 과연 다윗은 소년이었을까?

> When the Philistine looked and saw David, he disdained him; for he was but a youth(boy), and ruddy, with a handsome appearance(1Samuel 17:42, NASV버전).
>
> 그 블레셋 사람은 다윗을 쳐다보고 나서 그가 다만 잘생긴 홍안소년에 지나지 않는다는 것을 알고는 그를 우습게 여겼다(사무엘상 17장 42절, 표준 새번역).

아무래도 '소년'이라는 골리앗의 생각 탓에 그럴지 모르겠다. 번역본에 따라 'a youth'를 'boy'로 번역한 영어성경이 있는데(NIV버전) 그래서 어린이 공과를 보면 거구의 블레셋 장군 앞에는 늘 보잘 것 없고 체구도 작은 소년이 돌멩이를 돌리며 서있다. 그 위 구절을 읽어보자.

> Then Saul clothed David with his garments and put a bronze helmet on his head, and he clothed him with armor(1Samuel 17:38).
>
> 사울은 자기의 군장비로 다윗을 무장시켜 주었다. 머리에는 놋 투구를 씌워 주고, 몸에는 갑옷을 입혀 주었다(사무엘상 17장 38절).

사울왕은 자기 갑옷을 다윗에게 주었다. 머리에는 자기가 쓰던 투구를, 몸에는 자기가 입던 갑옷을 직접 다윗에게 입혔다. 그렇다면 사울이 나이 어린 소년에게 자기 갑옷을 입으라고 주었을까?

사울과 체격이 비슷했으니 입으라고 주었을 것이다. 성경은 사울의 외양을 다음과 같이 묘사한다.

> ...... there was not a more handsome person than he among the sons of Israel; from his shoulders and up he was taller than any of the people(1Samuel 9:2).
>
> ...... 이스라엘 사람들 가운데 그보다 더 잘생긴 사람이 없었고, 키도 보통 사람들보다 어깨 위만큼은 더 컸다(사무엘상 9장 2절).

기록이 옳다면 사울은 잘 생기기도 했지만 키도 매우 컸다. 어린 소년이라면 그가 입던 갑옷은 절대 맞지 않았을 것이고 상식적으로도 그렇게 큰 갑옷을 입으라고 아이에게 주었다는 것은 말이 되지 않는다. 전쟁이 벌어지고 있는 상황에서 사울이 농담을 했을 리도 없다. 어떤가? 다윗은 어린 소년이 아니었다는 사실을 수긍할 수 있겠는가?

한국어 성경은 원문의 뉘앙스까지 완벽하게 살릴 수 없는 탓에 (외국어의 뉘앙스까지 완벽하게 옮기기란 거의 불가능하다) 오해할 소지가 있는 부분이 꽤 많다고(혹자는 8,000군데도 넘는다고 말한다!) 어느 청년에게 말한 적이 있다. 그러자 "그럼, 한국어 성경 읽으면 안 되겠네요. 어떻게 믿고 읽을 수 있겠어요?"라고 그가 대꾸했다. 나는 번역 성경이 '무오' 하다고 생각하면 굉장한 오류에 빠지고 만다는 점을 강조하고 싶었을 뿐이다.

"Seeing Themselves Through Your Eyes"
'눈동자' 처럼 지켜보라

"Something Higher"
저 높은 곳을 향하여

"…… anyone who will listen."
'들을 귀' 가 있는 사람들에게 말이다

성경 낭독을 삼가시오!

지금 고인이 아니라는 가정 하에—개신교와 가톨릭을 막론하고—일요일(주일) 미사나 예배에 참여했더라면 '쥐구멍에라도 들어가고 싶을 법한' 사람들이 있다. 그게 나라면 예배에 집중하지 못할 만큼이나 엄청난 고통을 감내했으리라 짐작된다.

> **독자**: 도대체 누가 고통스러워한다는 거요?
> **필자**: 성경을 번역한 사람들이죠.

쥐구멍에 들어가고 싶어 하는 까닭은 예배(미사) 집례자가 그들의 번역문을 그대로 낭독하기 때문이다. 예컨대, 당신이 번역한 글

이 수백, 아니 수천 명이 모인 자리에서 읽힌다고 생각해보라. 생각만 해도 몸서리가 날 것이다.

'주기도문'과 '성시교독' 및 '사도신경'도 죄다 번역가의 글이다. 교회에서 사도신경을 낭독하는 회중과 집례자를 떠올려볼 때 내가 이를 번역한 사람이었다면 기분이 어떨까?

양심의 가책을 받을지도 모른다. 번역에 자신이 있다면야 뿌듯하고 우쭐거릴 수도 있겠지만 뜻을 헤아리기 힘든 구절(원어는 히브리어, 그리스어, 아람어)을 이방인 번역가가 정확히 옮긴다는 것은 불가능하다. 그러니 '찔리지' 않을 수가 없는 것이다.

이처럼 번역가 선배들이 진땀을 뺐을 법한 일은 예배 외에도 수두룩하다. 예를 들어, 필자는 소싯적 수련회를 몇 차례 갔었는데 초등아이부터 고등학생에 이르기까지—지금도 그러는지는 모르겠지만—식사시간마다 성경 구절을 외워야 밥을 먹을 수가 있었다. 그런데 좀 길다 싶거나 외우기가 귀찮은 아이들은 이런저런 핑계를 대며 끼니를 거르기도 했다(하지만 웬만하면 다 먹게 해준다). 토씨 하나 틀리면 안 되었던 당시 규정을 감안해볼 때, 사람들은 한글성경이 '번역된 책'이라는 사실을 잘 몰랐던 모양이다. 이를 알았다면 그렇게까지 암기를 요구하진 않았을 것이다.

교인들은 대개 '성경이 하나님의 감동으로 된 책'이라고 믿지만 번역본까지 그렇다고 오해해서는 안 된다. 번역본마다 의미가 조금씩 다르고 일부 구절은 아예 정반대로 번역되었기 때문이다. 책마다 뜻이 다른 탓에 번역본에서는 하나님의 '진심'을 찾기가 그리 쉽진 않을 것이다. 번역가라면 내 말에 공감하겠지만 그에 반기를 드는 사람도 몇몇 봤다. 신앙인으로서 안타까운 일이다.

성경은 번역의 감초

성경을 모르면 영문학 작품의 깊이를 이해할 수 없다. 문학이 아니더라도 영어 원문을 이해하려면 성경 지식은 알아두는 편이 낫다. 서양인들의 의식 속에 기독교 문화가 깊이 뿌리박혀 있기 때문이다. 따라서 성경 구절이나 기독교 지식을 알고 있으면 번역하는 데 이를 적절히 써먹을 수가 있다. 필자는 그리 해박하진 않지만 소싯적부터 '주워들은' 구절과 기독교 문화의 덕을 톡톡히 봤다. 저자의 의도를 정확히 전달하려면 성경을 인용해야 하는 경우가 의외로 많다.

그러면 번역의 모티프로 삼은 성경 구절과 기독교 문화에는 어떤 것이 있는지 조목조목 살펴보자. 신앙(성경)이 번역에 영향을 줄 수 있다는 점을 역설하려고 두서에 다음과 같은 예문을 적었다.

Seeing Themselves Through Your Eyes.
'눈동자' 처럼 지켜보라 ⇒ "나를 눈동자 같이 지키시고(시편 17:8)"

Something Higher
저 높은 곳을 향하여 ⇒ 찬송가 491장
(원제는 'I'm pressing on the upward way')

…… anyone who will listen.

'들을 귀'가 있는 사람들에게 말이다

⇒ "들을 귀가 있는 사람은 들어라(마태복음 11장 15절, 표준 새번역)."

'들을 귀가 있는 사람'은 '말귀를 알아듣는 사람'으로 편집되었다. 출판사인지 번역회사 편집자인지는 알 수 없지만 어쨌든 둘 중 하나가 수정했을 것이다. '들을 귀'는 기독교인이 아니라면 거의 쓰지 않고 들을 일도 거의 없는 관용어에 가깝다. 아마 편집자는 내 의도를 몰랐을 공산이 크지만 알았더라도 고쳤을지 모른다. 그러면 성경에 모티프를 둔 번역문을 좀더 열거할 테니 참고하기 바란다.

Our servicemen were despised and demoralized.

서비스 기사들은 멸시와 천대를 받았다.

⇒ "나도 너희로 하여금 모든 백성 앞에서 '멸시와 천대'를 당하게 하였느니라(말라기 2:9)."

Tom never wavered, and ……

톰은 상황에 따라 '좌우로 치우치지' 않았고

⇒ "조상 다윗의 길로 걸으며 좌우로 치우치지 아니하고(역대하 34:2)"

Dig into the books to find a nugget somewhere.

책 어딘가에서 보물을 발견하라.

⇒ "너희 보물 있는 곳에는 너희 마음도 있으리라(누가복음 12:34)"

You are not alone in facing problems. Everybody has.

고난은 당신만 겪는 게 아니다.

⇒ CCM(Christian Contemporary Music) '왜 나만 겪는 고난이냐고
(김석균 작사 · 곡)'

Be the first to find out and never the last to know.

아는 데 머리가 되어야지 꼬리가 돼서는 안 된다.

⇒ "여호와께서 너를 머리가 되고 꼬리가 되지 않게 하시며······
(신명기 28:13)"

There are thousands to tell you it cannot be done;

There are thousands to prophesy failure;

There are thousands to point out to you one by one

할 수 없다고 말하는 이가 천천이요

실패를 점치는 이도 천천이며

차근차근 그 이유를 따지는 자도 천천이라면

곧 큰 해가 닥치리니

⇒ "여인들이 뛰놀며 노래하여 이르되 "사울이 죽인 자는 천천이요, 다윗
은 만만이로다" 한지라(사무엘상 18:7)"

『아름다운 열정Motivate to Win』에서 발췌한 시구인데 출간된 책을
보니 "할 수 없다고 말하는 이가 수천······"이라고 수정되어 있었
다. 사실 '천천'은 기독교인이 아니면 썩 와 닿는 표현은 아니다.
번역가에게 쓸모없는 지식은 없다. 하다못해 길거리 광고도 그냥
지나치지 않는다면 이를 써먹을 날이 꼭 올 것이다.

5. 아는 것이 힘이다 Knowledge is Power

> - Despite Polly's diminutive size, her comments echoed into the next zip code.
> - The final straw came after I had been there two months.
> - …… but financial results were south of mediocre.
> - Lots of employees seemed to come down with the Monday-morning flu and three-fourths of the worker's compensation claims were filed before 10AM Monday …….
>
> — 『Six-Month Fix(여섯 달이면 죽은 회사도 살린다)』중에서

『Six-Month Fix(미출간)』를 번역하면서 틈틈이 메모해둔 영문을 몇 개 적어봤다. 교실에서는 찾아보기 힘들 법한 '맛깔' 나고도 재미있는 문장인지라 원어민들의 재치와 언어적 기교를 조금이나마 느낄 수 있을 것이다.

- Despite Polly's diminutive size, her comments echoed into the next zip code.

'체격은 왜소하나 폴리의 코멘트는 다음(next) 'zip code'까지 메아리쳤다.' 'zip code'는 '우편번호'라는 뜻이니까 우리 집 우편번호가 441-110이라면 441-111인 곳 까지 두루 퍼졌다는 이야기다. 즉, 폴리는 체격은 작지만 목소리만큼은 '쩌렁쩌렁' 해서 이웃 동네까지 다 들릴 정도였다.

- The final straw **came after I had been there two months.**

문화를 이해하지 못하면 무슨 말인지 알기 힘든 문장이다. 이를 직역해보면 '거기에 있은 지 2개월이 지나자 마지막 'straw(빨대 혹은 지푸라기)'가 왔다(나타났다)'고 한다. '지푸라기'와 '빨대'를 구별할 수 있는 단서라고는 본문 어딜 봐도 없다.

사실, 비유적인 표현이라 'the final straw'의 기원을 찾으면 지푸라기인지 빨대인지는 대번 가려진다. 결론부터 말하자면, 'the final straw'는 'It's the last straw that breaks the camel's back.'이라는 속담에서 비롯된 것이다.

지푸라기를 낙타 등에 계속 쌓다보면 낙타 등이 휘어질 때가 올 것이고 결국에는 마지막 지푸라기(last straw) 하나를 떨어뜨리는 순간, 등은 부러질 거란 이야기다. 작은 짐이라도 한도를 넘으면 더 이상은 버틸 수가 없다. 그러므로 위 문장은 '필자가 회사에 영입된 지 두 달이 지나자 감당할 수 없는 엄청난 악재가 찾아왔다'고 이해해야 한다.

- ...but financial results were south of mediocre.

영어를 '이미지'로 풀이해야 하는 독특한 문장이다. '결국 재정 상황은 보통mediocre의 남쪽이 되었다.' 보통의 남쪽? 그렇다. 남쪽은 아래쪽을 두고 하는 말이다. 따라서 보통의 남쪽은 보통 아래 있다는 말과 같다. 즉, 재정상황은 보통 수준을 밑돈다(악화되었다)는 뜻으로 이해하면 된다.

> • Lots of employees seemed to come down with the Monday-morning flu and three-fourths of the worker's compensation claims were filed before 10AM Monday…….

유독 'Monday-morning flu'가 눈에 거슬린다. 굵게 써서 그렇기도 하겠지만 '월요일 오전 독감'은 도통 이해가 가지 않을 테니 말이다. 당장은 이해할 수 없는 어휘나 표현이라도 전후 문맥에 '단서'가 발견될지 모르니 일단 막히더라도 천천히 읽어가면서 그 뜻을 유추하길 바란다.

문장을 읽어보면 'Monday-morning flu에 걸린come down with 사람들이 수두룩한 듯싶었고, 월요일 오전 10시가 되기 전에 근로보상청구서의 4분의 3이 제출되었다were filed'고 한다. 즉, 월요일 오전에 일을 못하겠다며 보상을 청구한 사람이 과반수를 넘었다는 이야기다. 저자는 지금 "월요일만 되면 사람들이 유독 맥을 못 춘다."며 직원들을 비아냥거리고 있다.

'월조 독감Monday-morning flu'에라도 걸렸는지, 월요일 오전 10시가 되기도 전에 직원의 4분의 3이 산재보상을 청구했다.

원서를 읽다보면 영미인의 생각과 표현방법에 감탄하거나 웃음이 절로 나오는 경우가 가끔 있다. 재치와 유머도 그렇지만 그들 나름대로의 독특한 언어유희도 글을 재미있게 읽고 옮기게 하는 자극제가 된다. 다음 글도 저자의 번뜩이는 재치가 묻어난다.

Later, with fanfare, Mr. Iacocca took over Koo Koo Roo, a small and troubled chain of chicken restaurants, but didn't stay long. The company nearly went toes-up but was bought for a couple clucks.

얼마 후, 아이어코카회장은 팡파르를 울리며 경영난에 허덕이는 치킨 레스토랑 체인 '쿠쿠루'를 인수했으나 오래가진 못했다. 당사가 거의 도산할 무렵, 어느 두 얼간이가 이를 인수했다.

치킨레스토랑 '쿠쿠루Koo Koo Roo'와 'cluck'이 호응을 이루고 있다. 원래 'cluck'은 닭이 우는 소리에서 비롯된 의성어인데 원문에서는 속어 '얼간이'라는 뜻으로 쓰였다. 즉, 닭고기 전문체인점을—속된 말로— '닭대가리cluck'가 인수했다는 이야기다.

번역의 장벽

아는 것이 힘이다. 영어도 잘 읽어야 하지만 특정 분야의 지식이 많이, 그리고 정확히 누적돼야 번역의 품질이 향상되며 저자의 의도도 독자에게 정확히 전달할 수 있다.

번역문에는 번역가의 지적수준과 문장력 및 독해 수준까지 다 드러난다. 그러니 어설프게 번역해놓고 책이 나왔다며 우쭐해 하면 곤란하다. 역자의 실력이 가감 없이 까발리는데 그렇게 낙관만

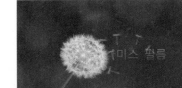

할 수는 없을 것이다. 전문가가 아닌 독자라면 웬만한 오류는 눈감 아주는 경우가 많지만 전문가는 그렇지가 않다. 잘 읽히지 않고 글을 짜임새도 엉성한 역문을 읽더라도 '내가 모자라서 그럴 거야.' 라며 자책하는 순진무구한 독자는 거의 없다.

출판사 게시판이나 서평에 접속하다보면 오역을 지적하는 글이 심심치 않게 올라온다. 참고 넘어갈 수 있는 오역도 '졸역'이라며 생떼를 쓰는 독자들이야 별 문제가 되진 않겠지만, 전문가가 오류를 지적한다면 역자는 쥐구멍에라도 들어가고 싶어질 것이다. 따라서 번역가는 주변의 잡다한 지식뿐 아니라 문장을 쓰는 감각도 겸비해야 한다. 문장을 자연스레 읽히도록 옮기려면 없는 문장을 만들거나 있는 문장을 다듬어야 할 때가 비일비재하기 때문이다.

번역의 장벽을 극복하기란 쉽지가 않다. 원문의 난이도와 관계없이 대상 독자의 눈높이에 맞게 어휘도 가려서 써야한다. 때문에 혹시라도 아마추어가 요즘 뜨고 있는 자기계발서에 자신도 뛰어들겠답시고 어설픈 문장력으로 글을 쓴다면 번역가는 작업하기가 고달파질 것이다. 그럼에도 번역가는 최고의 문장력을 발휘하여 읽기 싫은 글도 술술 읽히는 글로 만들어야 내야 한다. 그래서 틈틈이 신문과 국어 교과서로 문장 쓰기를 공부해두었다.

물 흐르듯 쓰라

신문기사는 결론까지 이르는 데 자연스럽게 흘러간다. 신문을 연구하고 관찰해야하는 까닭은 글의 흐름을 '모방' 하기 위해서

다. 세련된 표현이나 어휘는 웬만한 번역 테크닉이나 '국어 단어장(직접 제작한)'으로도 해결할 수 있지만 매끄러운 글의 흐름은 아무도 가르쳐주지 않는, 그래서 스스로 터득해야 할 숙제라고 생각한다(왜 여태 숙제를 안했을까?). 논리전개도 그렇지만 '시원하고' '뻥 뚫린 듯한' 글도 그에 못지않게 중요하다.

> When I was younger, I was hit in the eye with a baseball. The doctor told me that I was going to lose my eye. But we prayed and God healed my eye. It is fine today and my vision is great. That was a miracle that happened to me.
>
> 젊었을 때, 나는 야구공으로 눈 한 쪽을 맞았다. 의사는 눈을 잃을 거라고 말했다. 그러나 우리는 기도했고 하나님은 내 눈을 치료하셨다. 지금도 눈에는 아무런 이상이 없고 시력은 매우 좋다. 이는 내게 일어난 기적이었다.
>
> ―『하나님의 부자학』중에서

가급적 기교를 부리지 않았고 불필요한 대명사는 삭제하여 '경제성'을 살리는 데 주안점을 두었다. 어떤가? 마침표를 과감히 이어주는 '센스'가 없어 자꾸 끊긴다는 인상을 준다. 문장을 자연스럽게 잇는 데는 아직 자신이 없지만 그래도 고민하고 또 고민해서 다시 옮겨봤다.

소싯적 야구공에 눈을 얻어맞은 후 의사에게서 실명 선고를 받았다. 하지만 우리는 기도했고 하나님은 내 눈을 치료해주셨다. 지금까지도 눈은 멀쩡하다. 내게도 기적이 일어났던 것이다.

'안다'는 것은 언어와 배경지식 뿐만 아니라 논리력도 겸비해야 함을 의미한다. 문맥을 꿰뚫어 볼 수 없는 언어 지식은 오류에 취약하다.

> Our capture rate skyrocketed to nearly 78 percent, up from 18%. So the business became busier, but with more appropriate work. Returns dropped.
>
> 캡처레이트(capture rate, 견적이 실제 주문으로 이어지는 비율—옮긴이)가 종래 18퍼센트에서 78퍼센트까지 폭증한 탓에 점점 바빠졌으나 일은 제대로 처리했다. 그러자 'returns'가 감소했다.
>
> ——『여섯 달이면 죽은 회사도 살린다(가제)』중에서

'**return**'을 몰라 사전을 뒤적거렸다. 'return'은 '수익'이라는 뜻이었다.

캡처레이트가 종래 18퍼센트에서 78퍼센트까지 폭증한 탓에 점점 바빠졌으나 일은 제대로 처리했다. 그러자 '수익'이(?) 감소했다.

주문이 폭증하고 일도 제대로 처리했는데 수익은 감소했다? 이해하기가 어려워 사전을 다시 찾아보니 '반품'이라는 뜻도 있어 그렇게 고쳤다. 논리가 맞지 않으면 단어와 전후 문맥을 다시금 살펴봐야 한다.

상상의 나래를 펴라

문맥에 알맞은 표현이 딱히 떠오르지 않을 때 애용하는 방법이 있다. 일단 눈을 감고 문장 속으로 들어가는 것이다. 글의 상황을 머릿속에 자세히 그리면서 이를 우리말로 설명하다보면 비교적 '적확한' 표현이 생각난다.

"... criticisms of too extensive US engagement worldwide"

—『왜 세계는 가난한 나라를 돕는가?』중에서

A: 비판, 방대하다, 미국이 전 세계에, 관련engagement? ……

B: 그래, 미국이 전 세계에 발을 들여engagement 놓았군. 지구본을 그리고 미국이 여기저기 족적을 남긴 장면을 그리자. 무엇이 떠오르지?'

A: 음 ……, 온 동네방네를 다닌다. …… (문맥에 따르면) 이 나라 저 나라를 다니며 이리 퍼주고 저리 퍼주고, 하도 퍼줘서 비난을 받는다는 얘기군요.

B: 그래, 맞아. 그런 상황에서 어울리는 말이 뭐지?

A: 오지랖 넓은 미국을 비판하던 목소리도 ……?

B: 굿Good!

쓸 데 없는 지식은 없다

드라마도 영화도 좋다. 번역에 필요 없는 지식은 없으니 하다못해 광고 간판도 유심히 보라. 앞으로 실제 원문을 들춰가며 그 까닭을 밝힐 참이다. 그런 의미에서 번역가는 호기심과 한 배를 타야 한다.

It is a fact of life that whatever you do ……, there is always a better way to do it.
'무슨 일이든 더 나은 방법은 있다' 는 것이 세상의 이치다.

—『현상수배』중에서

The attraction of China's 'no-strings-attached' economic aid, …… was clear.
'아무것도 묻지도 따지지도 않는' 중국의 경제원조가 끌리는 것이 당연하지 않겠는가?

—『전방위지배』중에서

위 문장은 KBS「개그콘서트」에 출연한 어느 개그우먼의 유행어를 그대로 활용했고 아래는 보험사 광고를 살짝 바꿨다.

모방을 만나면 번역이 즐거워진다. 사람들이 자주 듣는 유행어나 광고 카피는 글의 가독성을 높이는 데 매우 좋은 방법이라고 생각한다. 물론 글의 분위기에 어울리지 않으면 써먹지 말아야겠지만 …….

그뿐 아니라, 영화나 드라마도 번역에 도움이 된다. 예컨대, 미국의 음모를 파헤친 『전방위지배』를 번역하다가 'military industrial machine(complex)'라는 생소한 어구를 보자 문득 드라마 한 편이 뇌리를 스쳤다.

교수: 케네디의 죽음에 대해서는 몇 가지 가설들이 있습니다. 혹시 그 가설에 대해 아는 사람 있습니까? …… 거기.

승희: 미 CIA에서 죽였다는 얘기도 있고 ……, 그리고 미국내 군산복합체 배후설도 있습니다.

(군산복합체: 군대와 대기업이 서로 의존하여 무기수출로 부를 축적하는 세력)

교수: 그쪽 생각에는 어느 가설이 제일 신빙성이 있다고 봅니까?

승희: 저는 … 군산복합체 배후설이 가장 유력하다고 생각하는데요.

교수: 왜죠?

— KBS 2TV 드라마 「아이리스」중에서

'아하! military industrial complex는 내가 이미 알고 있던 거였군!' 물론 인터넷을 검색하면 금방 찾을 수 있지만 불과 며칠 전에 텔레비전에서 본 것을 마주하니 감회가 새로웠다.

However, for the hawks, the US military industrial machine, and the neo-conservatives surrounding the Bush-Cheney Administration, such fears of nuclear Armageddon were signs of cowardice and a lack of will.

—『Full Spectrum Dominance(전방위지배)』중에서

그러나 군산복합체와 부시 · 체니 행정부의 네오콘은 겁쟁이와 의지 박약자들이나 '핵전쟁nuclear Armageddon'을 두려워한다고 맞받아쳤다.

'반가운 손님'은 그뿐만이 아니었다. 『당신 안의 아인슈타인을 깨워라Stimulated!』와 『나의 잘난 점은 무얼까?What's Right with Me?』를 번역할 땐 영화 「코치 카터」에 등장한 시(메리엔 윌리엄슨Maryann Williamson의 작품)가 똑같이 인용돼서 깜짝 놀랐다. 우연의 일치라기엔 너무도 절묘했다!

Our deepest fear is not that we are inadequate. Our deepest fear is that we are powerful beyond measure. It is our light, not our darkness, that most frightens us. We ask ourselves, who am I to be brilliant, gorgeous, talented, and fabulous? Actually, who are you NOT to be? Your playing small does not serve the world. There is nothing enlightened about shrinking so that other people won't feel insecure around you. ...... And as we let our light shine, we unconsciously give others permission to do the same. As we are liberated from our own fears, our presence automatically liberates others.

우리가 두려워하는 까닭은 자신이 무능력해서가 아니라 우리에게 무한한 힘이 있어서다. 우리는 어둠이 아닌 빛을 두려워한다. '재능도 있고 멋진 사람이 될 나는 누구인가?'라고 자문해보자. 너라고 그렇게 되지 말라는 법이 있는가? 네가 소심하면 세상에 아무런 빛도 발하지 못할 것이다. 또한 주변에 있는 사람들에게 '안전하다'는 사실을 주지시킨다면서 정작 자신이 움츠리는 것은 어리석은 것이다. 스스로 빛을 발할 때 우리는 은연중에 타인에게도 빛을 발할 수 있는 특권을 부여한다. 우리가 두려움에서 해방된다면 우리의 존재만으로도 남들은 두려움에서 해방될 것이다.

한 가지 사례를 더 소개한다. '아는 것이 힘' 이라는 점을 다시금 강조하기에 적절한 예가 아닐까싶다.

> Another person spilled his chicken soup and a good portion of it landed on the new suit. "No problem," said the victim. "The soup has cooled off enough that it didn't burn me. While I didn't get to eat it, it is chicken soup for my soul."
>
> 어떤 이가 실수로 닭고기 수프를 흘려 새 옷이 흠뻑 젖었다. "괜찮습니다. 수프가 뜨겁지 않아 화상은 입지 않았으니까요. 나는 수프를 먹지 않았지만 내 영혼은 먹을 수 있을 겁니다."라고 그가 말했다.
>
> ─『화, 마음의 멘토Anger, the Inner Teacher』중에서

독자: 갑자기 영혼이라니. 도통 무슨 소린지 모르겠군. 이거 오역 아닌가?
역자: (또 식은땀을 흘린다) 헉!
저자: 맞는데 왜 식은땀을 ……, 허허허.

저자가 재미있는 농담을 쓰면 번역가는 되레 긴장한다. 농담도 이해가 돼야 웃을 수 있을 터인데 문화를 몰라 웃지 못하는 해프닝이 자주 벌어지기 때문이다.

위 번역은 크게 틀린 구석은 없지만 독자가 오해하고 말았다. '닭고기 수프를 영혼이 먹을 수 있다.' 는 해괴한 대목을 풀이해 주지 않았기 때문이다. 독자가 모를 법한 저자의 의도는 이해를 도울 수 있도록 풀어 써주는 것이 좋다. 잘 알다시피, 본문은 『내 영혼

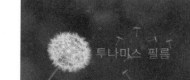

투나미스 필름

을 위한 닭고기 수프Chicken Soup for My Soul』라는 책 제목을 절묘하게 이용한 농담이다.

그러나 번역가가 이를 몰랐다면 어떤 사태가 벌어질까? "수프는 안 먹어도 돼요. 배가 부르거든요."라며 슬그머니 빼든지 차마 그럴 수 없겠다 싶으면 머리를 싸매고 고민을 했을 것이다. 이를테면, 수프와 영혼의 상관관계를 추적한다거나 토속신앙을 검색해서 영혼이 닭고기 수프를 먹었다는 전설이 있는지 조사할지도 모른다. 결국 제대로 된 번역은 기대할 수가 없다. 어떤가?

재차 강조하지만, 번역가는 세상에 오감five senses을 열어두고 살아야한다.

제목 이야기가 나와서 말인데, 저자가 인용한 책의 '제목'을 옮겨야 할 때도 더러 있다. 아무리 베스트셀러라도 원제가 우리말 제목과 판이하게 다를 때가 많다는 것이 문제다. 그렇다고 해서 이를 제멋대로 옮겨서도 안 된다. 반드시 국내에 번역출간된 책 제목을 써야 하므로 인터넷에서 번역된 제목을 검색해야 한다. 그리고 나서 원제목을 병기하면 된다. 물론 미출간 서적은 번역가의 재량껏 옮겨도 문제가 되진 않을 것이다. 그렇다면 다음 열거한 책은 어떻게 옮겨야 할지 살펴보자

Whale Done!

Know can do

The One Minute Entrepreneur

Foreign Aid

Good Intention

Motivate to Win

Cheap

고래야, 잘했다!	⇒ 칭찬은 고래도 춤추게 한다
할 수 있다는 것을 알라	⇒ 춤추는 고래의 실천
1분 기업인	⇒ 1분 경영수업
대외원조	⇒ 왜 세계는 가난한 나라를 돕는가?
좋은 의도	⇒ 좋은 사람 콤플렉스
이기도록 동기를 부여하라	⇒ 아름다운 열정
싸구려	⇒ 완벽한 가격

첫 제목이 유난히 눈길을 끈다. 'Whale Done!'은 'Well Done!
잘했다'에서 비롯된 것으로, 'well'과 'whale'의 발음이 비슷한 점
을 착안해서 지은 제목이다. 그러나 번역서는 언어유희의 맛을 살
려내지 못해 좀 아쉽다. 솔직히 나라도 그렇게는 못하겠지만.

켄 블랜차드가 쓴 『1분 경영수업』의 '참고문헌'을 보니 『Know
Can Do!』를 『할 수 있음을 알 것』이라고 옮겼다! 웃음이 나왔지만
역자도 어쩔 수 없었을 것이다. 그땐 『춤추는 고래의 실천』이 출간
되기 전이었으니까.

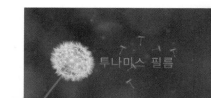

투나미스 필름

식상하면 NG!

> "마지막으로, 새해에 여러분과 함께 힘써 노력해야 할 과제로 '위험관리
> risk management'를 꼽고 싶습니다. 미국 국가정보위원회(NIC)가 발간한
> 『글로벌 트렌드 2025』에서는 앞으로 전 세계가 격동의 시대를 맞이하게
> 될 것이라고 예측하고 있습니다. 이러한 흐름에 더하여 금번 금융위기는
> 앞으로 국가와 기업, 개인을 막론하고 두 가지 능력이 요구된다는 교훈
> 을 주었다고 봅니다."
>
> ──윤증현 기획재정부 장관, 「2010 신년사」 중에서

작가는 글을 '쉽게' 썼지만 나는 그렇게 옮길 수 없을 때가 있
다. 단어 하나로 수십, 아니 수백 장을 '우려먹는' 작가가 간혹 있
으니 그럴 땐 비슷하면서도 문맥과 상통하는 말을 생각해내느라
골치를 앓아야 한다. 같은 어휘를 두고 적잖이 고민한 책이 있다면
『화, 마음의 멘토』를 꼽을 수 있다. 이는 정통파 유대인 랍비가 분
노를 다스리는 비결을 쓴 책인데, 'angry'가 수두룩했다.

'화가 났다'로 통일하면 될 것을 뭘 그리 걱정하느냐고 반문할
지는 모르겠지만, 그렇게 간단히 떨어지는 문제가 아니다. 또한 왠
지 모르게 쓰기가 싫은 말을 두고 고민할 때도 있다. 이를테면, '~
위해서,' '~한 방법,' '~하고 있다,' '고려하다,' '불구하고,' '대
부분의,' '~에 대하여,' '종종' 및 '경우' 등은 하도 식상해서 가
급적 쓰지 않으려고 한 상투어인데 어디서 틈새가 생겼는지 이를

비집고 나오려고 안간힘을 쓴다. 습관의 힘이랄까. 소싯적 영어를 배울 때 나쁜 습관이 배어 그럴 것이다. 적절한 뜻을 생각해낼라치면 '필터filter'를 한 번 더 통과시켜야만 한다. 그래야 깨끗한 우리말이 나온다.

in order to

a way to

be doing

consider

though

most of

about

often

in case of

어떤가? 독자 여러분도 나와 증상이 크게 다르진 않을 듯싶다. 앞서 적은 뜻이―일찍이 매장하려 했던―신기하리만치 기계적·반사적으로 쏜살같이 튀어나올 테니 말이다. 단어시험의 위력이랄까. 혹시라도 다른 뜻을 쓰면 틀린 것 같기도 하고 ……. 교사가 '정답 the right translation'을 강요한 결과일까? 때문에 사전의 울타리를 벗어나는 것이 번역가의 첫 관문이 되었다. 이를 통과하지 못한 번역가는 문장을 옮겨놓고도 영 시원한 맛을 느끼지 못한다. 어색한 구석이 있긴 한데 딱히 집어낼 수는 없고 가슴 한 켠에는 '이게 아닌데 …….'라며 수정을 독촉하지만 그러지 못해 답답할 것이다.

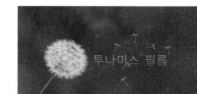

평소 '고려하다'는 잘 쓰지 않는 말이다. '불구하고'도 사족처럼 들리고 '위해서'도 한자어가 합성되어 우리글처럼 보이지 않는다. 게다가 '기계적·반사적'의 '~적的'도 쓰기가 싫다. 사실, 필자가 표현에 민감해진 원인은 편집부의 교정을 비롯하여 한겨레말글연구소장 최○○님이 「한겨레신문」에 연재하신 '말글찾집'의 덕이 크다.

말글찾집은 우리말을 공부하다가 우연히 발견한 사이트인데 외국어 번역투의 문장을 순화하는 데 큰 도움이 되었다. 뿐만 아니라 우리말 배움터도 여러모로 유익하다. 어휘뿐 아니라 문장과 문단을 체계적으로 배울 수 있고, 재미있게 국어를 공부할 수 있도록 '우리말 퀴즈'도 마련했다. 또한 맞춤법과 로마자 표기도 검사할 수 있어 번역뿐 아니라 글을 쓰는 사람에게도 보탬이 될 것이다.

들른 이 39679064 명
깁고 더함 2007/12/28

인터넷에 범람하는 외국어를 우리 입맛에 맞게 순화하려는 노력이 보인다. 우리말 배움터의 왼쪽 아래 끝을 보니 **'visitor'**와 **'update'**를 적절히 옮겼다.

필자의 원고를 교정한 편집인이나 전문가가 "그건 잘못된 글(말)이다."라고 지적하면 '두 번 다시 써서는 안 되는 글(말)'로 각인돼버리기 십상이다. 그래서 번역투 어구는 웬만하면 피하지만 여유도 없고 대체할 말도 딱히 떠오르지 않으면 쓰는 **경우도 종종** 있다. 하지만 완벽주의 성향이 있는지, 그럴 땐 가슴이 답답하다.

직업병도 그렇게 생기는 듯싶다. 예컨대, 책이나 인터넷 페이지에 '자기개발'이라는 오자가 눈에 들어오면 이를 바로잡아야 한다는 욕구를 잘 주체하지 못한다.

설령 말을 꺼내지 않더라도 '자기개발이 아닌데……'라며 한없이 되뇌기 일쑤다. '개발'은 토지나 천연자원 따위를 개척하거나 지식이나 경제 따위를 발전시킬 때 쓰는 말이고, '계발'은 슬기나 재능, 사상 따위를 일깨운다는 뜻이므로 '자기계발'이라고 써야 옳다.

그렇다면 국어를 가르치는 교사(혹은 교수)나 전공자라면 어떨까? 비어나 비문이 필자보다는 더 많이 눈에 들어올 테니 그럴 때마다 스트레스를 받는다면? 오, 생각만 해도 끔찍하다.

독자: 책은 잘 읽었습니다만, 원고 교정이나 윤문작업은 안 하시나 봐요?
필자: 제가 비전공자라 국어가 좀 약합니다.

10년 전인가, 국어를 전공했다는 어느 독자와—초면임에도—나눈 이야기다. 그렇다면 전공자가 보더라도 완벽한 번역서는 과연 몇이나 될까?

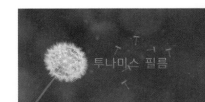

'angry'를 '화가 났다'로 일괄 번역할 수 없는 이유는 간단하다. 그러고 싶지 않아서다. 어휘가 단조롭고 식상한 글은 쓰기가 싫다는 이야기다. 번역투의 글도 그렇고, 같은 어휘를 반복해서 쓰는 것도 영 매력이 없다. 그래서 다시금 인터넷에 도움을 청하기로 했는데 다행히 '분노'를 뜻하는 어구가 상당히 많아 마치 월척을 낚은 기분이 들었다.

"으르렁댔다"
"뿔이 났다"
"심기가 불편했다"
"속이 뒤집혔다"
"열을 받았다"
"복장이 터졌다"
"핏대를 세웠다"
"뚜껑이 열렸다"

수집한 어휘를 번갈아가며 활용해보자.

> Some people deny that they are angry because they feel that it is wrong to be angry. Sometimes this is coupled with guilt over feeling angry with someone who had done so much for them. But whatever the reason for the denial, it won't work.
>
> —『화, 마음의 멘토(76페이지)』

화를 내면 안 된다는 생각에 "내가 언제 화를 냈느냐?"며 발뺌하는 사람들이 있다. 지금까지 은혜를 베푼 사람에게 화를 냈다는 이유로 죄책감이 들 때도 있을 것이다. 그러나 이유를 막론하고 시치미를 떼는 것은 결코 득이 되지 않는다.

⇩

분을 품으면 안 된다는 생각에 "내가 언제 화를 냈느냐?"며 발뺌하는 사람들이 있다. 지금까지 은혜를 베푼 사람에게 핏대를 세웠다는 이유로 죄책감이 들 때도 있을 것이다. 그러나 이유를 막론하고 시치미를 떼는 것은 결코 득이 되지 않는다.

여기서 중복된 'angry'를 일일이 옮길 필요는 없다. 형용사를 다른 말로 대신 쓰면 두 번째 단어는 소리 소문 없이 '묻을' 수 있다.

분을 내면 안 된다는 생각에 자기는 그러지 않았다며 발뺌하는 사람들이 있다. 지금까지 은혜를 베푼 사람에게 핏대를 세웠다는 이유로 죄책감이 들 때도 있을 것이다. 그러나 이유를 막론하고 시치미를 떼는 것은 결코 득이 되지 않는다.

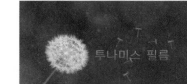
투나미스 필름

저자(랍비 젤리그 플리스킨): (번역문을 읽고는) 'angry'를 세 번이나 썼는데 '화'는 하나밖에 안 보이는군요.

역자: (글을 확인하고는) 'angry'가 '화를 낸다'는 뜻이 있다는 건 아시네요.

저자: (역자를 의심하며) 한국말은 생략법이 참 많이 발달했나보죠?

역자: 그렇죠. 주어를 빼는 경우도 많으니까요.

저자: 그렇게 막 빼도 독자가 글을 이해하나요?

역자: 영어처럼 일일이 다 써주면 독자가 오히려 눈살을 찌푸릴 겁니다.

저자: 이해하기가 어렵군요.

『맨체스터 유나이티드』를 번역할 때도 신문이나 잡지(스포츠면) 혹은 웹사이트에서 관련어휘를 수집하고 동영상 경기를 시청하기도 했다. 경기를 관전하면 활자상의 번역을 탈피하는 데 도움이 된다. 즉, 우리말 표현이 좀더 자유롭고 풍부해진다는 이야기다. 사실, 스포츠는 애당초 별 관심이 없었고 규칙도 잘 몰랐다. 군복무 시절 축구 '룰'을 몰라 동료가 핀잔을 주기도 했으니 솔직히 그 분야는 번역하기가 좀 망설여졌다. 하지만 모험심을 발휘하여 손을 대기로 한 이후에는 예상했다시피 엄청난 수고를 감내해야 했다(번역료의 몇 배는 더 고생한 듯싶다). 우선 사용빈도가 높은 '골을 넣었다 **score**'를 두고는 다음과 같이 정리한 후 이를 번갈아가며 활용했다.

"득점했다"
"골망을 흔들었다"
"골을 넣었다"

"골을 터뜨렸다"

"골을 뽑았다"

"(상대팀 입장에서는) 골을 허용했다"

Bob Parkinson scored Newton Heath's last goal of the 19th century and their first in the 20th. He only scored seven in his entire United career.

밥 파킨슨(Bob Parkinson)은 뉴턴 히스에서 19세기의 마지막 골과 20세기 첫 골을 넣었다. 그러나 맨유에서는 7득점이 전부였다.

—『맨체스터 유나이티드』중에서

그럼 위 문장에서 '골을 넣었다'를 다른 표현으로 대신해보자. 약간씩 다른 어휘를 치환하면 두뇌운동뿐 아니라 번역의 융통성을 기를 수 있을 것이다.

19세기의 마지막 골과 20세기 첫 득점을 올렸다.
19세기의 마지막 골과 20세기 첫 골을 넣었다.
19세기의 마지막 골과 20세기 첫 골을 뽑았다.
19세기의 마지막 골과 20세기 첫 골을 터뜨렸다.

미래시제 'will'을 '남발한' 『글로벌 트렌드 2025』도 위와 같은 방법으로 옮겼다. 어미를 단조롭게 '~일 것이다'로 일괄 번역하지 않으려면 신문기사나 뉴스보도에서 적절한 표현을 정리하면 된다.

투나미스 필름

"~일 것이다"

"~로 추정된다"

"~로 전망된다"

"~로 예상된다"

"~로 보인다"

어휘를 반복했다고 해서 이를 오역으로 싸잡는 사람은 없다. 그
럼에도 필자가 식상하거나 단조로운 표현을 지양하는 까닭은 무
엇일까? 왜 그리 멋들어지게 쓰려 하는지, 딱히 이유는 알 수 없지
만 일단 책이 출간된 후 "쉽고 재미있게 읽었다."는 독자의 메시지
를 들으면 더욱 그러고 싶어진다. 어쩌면 칭찬을 한번이라도 더 듣
고 싶은 욕심에 그럴지도 모르겠다.

원어병기

독자에게 정확한 정보와 저자의 뉘앙스를 전달하기 위해 영어를
함께 써야할 때가 간혹 있다. 사실 원어병기 원칙을 두고는 번역가
와 편집자의 생각이 다르다. 그래서 출간된 번역서를 보면 병기한
원어가 흔적도 없이 사라질 때도 더러 있다. 일일이 써주면 가독성
이 떨어지고 모양새도 좋지 않아서 그럴 것이다. 다음은 필자 나름
대로 원어병기 사례를 정리한 것이니 참고하기 바란다. 예시문은
모두 『좋은 사람 콤플렉스Good Intention』에서 발췌했다.

1. 전문용어를 옮길 때
2. 일부러 '오버'할 때
3. 고유명사
4. 제목

1. 전문용어를 옮길 때

전문용어를 옮길 땐—독자가 잘 모르겠다 싶으면—인터넷 백과사전에서 정의를 찾아 원어를 쓰고 난 후 역주를 단다. 정보를 정확히 제공할 요량으로 원어와 정의를 같이 쓰는 것이다. 좀 어려운 말이니 주의 깊게 읽으라는 '암시'가 될지도 모르겠다.

• **회피행동**(avoidance behavior, 혐오적 자극이나 상황을 미리 알아차려 이를 피하려는 선행적 행동—옮긴이)

• **폐기종**(emphysema, 공기가 차서 폐가 비정상적으로 팽창된 상태—옮긴이)으로 죽을 날이 얼마 남지 않았음에도 …….

• **침묵의 음모**(conspiracy of silence, 실체는 있으나 암묵적인 사회계약에 따라 이를 누설해서는 안 된다는 말—옮긴이)

• **방어기제**(defense mechanism, 두렵거나 불쾌한 정황이나 욕구 불만에 직면하였을 때 자신을 방어하기 위하여 자동적으로 취하는 적응 행위—옮긴이)

2. 일부러 '오버'할 때

번역가가 가독성을 높이거나, 감칠맛을 살리거나 혹은 재미를 가미하려고 일부러 '과장'할 때가 종종 있다. 그럴 땐 독자에게 '내가 좀 오버할지도 모르니 원어를 보시고 내용을 파악하시라.'는 의도로 원어를 병기해야 한다.

저자의 의도와 사뭇 다를 때가 있기 때문에 그런 것이다. 원어를 쓰지 않으면 독자가 번역가의 글에 '놀아날' 수도 있다. 저자의 생각보다는 옮긴이의 생각이 더 큰 비중을 차지할 테니 말이다. 아래 예에서 '스킨십'은 콩글리시broken English를 그대로 썼기에 "잘못된 영어이니 원어를 확인하고 읽으시라." 주문하려고 'physical touch'를 함께 쓴 것이다.

• 하지만 매장에서는 기분이 '**째질는지**high' 모르나 날로 늘어가는 빚더미를 바라보면 기분은 더 우울해질 것이다.

• '**순한 양 모드**mellow mode'로 전환되기를 바라지 않는 사람은 없을 것이다.

• 손녀의 '**대리아빠**surrogate father'가 돼야 했던 나는 소신을 몸소 밝히는 것이 중요하다고 생각했다.

• '**노선생**anger'을 존중하기 위해 살펴보았다.

- **'보호론자**protector' 라는 그릇된 역할에 우리가 **'캐스팅**cast' 되고 슬픔의 수순에 제동을 걸며 상대방을 진심으로 위로해주지 못하기 때문이다.

- **'스킨십**physical touch' 은 상대방과의 교감을 유도하고 …….

3. 보충설명이 필요할 때

오해의 소지가 있어 설명이 필요할 때 원어를 병기한다. 아래 예에 쓴 '자아비판' 은 북한에도 같은 용어가 있으니 독자가 혹시라도 오해할까봐, '틀리거나 오버한 글이 아니라는 점' 을 밝히려고 원어를 같이 쓴 것이다.

아울러 '성' 도 남녀인지 이름씨인지 정확히 구분하려고 원어를 병기했고, '비명횡사' 는 젊은 독자가 잘 이해하지 못할 것 같아 영어를 함께 썼다. '사전을 찾아 뜻을 확인하라' 는 필자의 의도가 살짝 묻어나는 대목이다.

> **"비밥**(Beebop, 아이들이 부르는 '할아버지' 애칭), 새 예쁜 드레스 좀 구경하러 와요."

> 정도가 비교적 약한 경우는 **'짜증**annoyance,' **'불쾌감**irritation' 이나 **'질색**irk' 을, 그보다 강하면 **'분개**indignation' **'발끈**resentment' **'분노**wrath' **'격노**fury' 그리고 **'발광**rage' 이란 말을 자주 쓴다.

> **'영적인 교감**spiritual connection' 을 몸소 깨닫지 못한다면 …….

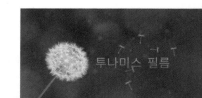
투나미스 필름

자애에서 파생된 '**사익**self-interest'은 아무리 피하고 싶어도 그럴 수 없
다는 점도

'**타임**Time Out'을 선언하고 머리를 식힌다.

'**비구조대원**nonrescuer'

'**자아비판**self-criticism'

성gender

'**비명횡사**untimely death'도 어떻게 보면 …….

잠시 '**정서적인 여유**emotional space'를 두는 것도 잊지 말자.

4. 고유명사

인명, 지명, 회사, 재단 등 고유명사도 원어를 병기해야 한다. 혹
은 원어의 '소리'를 우리말로 쓸 때도 원어를 꼭 써야 한다. 영어
는 철자와 소리가 항상 정확히 떨어지지 않고 변칙이 많기 때문에
그런 것이다. 그런데 감사의 글을 옮길라치면—감사하고픈 사람이 어찌
나 많은지—한 지면에 이름이 수십 개씩 나올 때가 많다. 그러니 일
일이 원어를 써두면 모양새가 좋지 않을뿐더러 눈이 어지러울 수
도 있으니 꼭 써야할 일이 아니라면 삼가도 좋을 것이다.

로버트 맥아피 브라운Robert McAfee Brown

히말라야 산맥Himalayas

유니버설 스튜디오Universal Studio

베이 에어리아Bay Area

과음 예방 센터Alcohol-abuse treatment center

알코올 중독자들을 위한 모임Alcoholics Anonymous groups

포스트모던post-modern

5. 제목

끝으로 단행본이나 논문 등 각종 출간물의 제목도 원어를 함께 써야 한다. 앞서 언급했듯이, 제목과 우리말이 항상 일치하지는 않기 때문이다.

『물 위를 걷다Walking on Water』

『바비를 위한 기도Prayers for Bobby』

『좋은 사람 콤플렉스Good Intentions』

번역가의 지침

아는 것이 힘이다.

모르는 것이 병이다.

오감은 항상 열어두고 사소한 지식도 놓치지 마라.

투나미스 필름

6. 우리말 공부Learning Korean

"관전평!" "관전평!"

"가망고객!" "가망고객!"

"협력업체!" "협력업체!"

"봉변을 당했다!" "봉변을 당했다!"

헌신

내가 우리말을 공부할 때 들리는 소리다. 큰소리로 몇 번이고 낭독하거나 머릿속으로 되뇌기만 해도 큰 효과를 얻을 수 있다. 이는 번역을 연구하면서 터득한 방법인데, 번역가라면 최소한 자기 나름대로의 연구방법이 있어야 하며 타인의 노하우를 자신의 일부로 만들 수 있도록 최선을 다해야 한다고 생각한다.

번역가가 마주치는 문젯거리는 매우 다양하다. '관계대명사는 어떻게 옮길지,' '셋 이상의 항목을 열거할 땐 어떤 접속사를 써야 할지,' '대명사는 어떻게 번역하며,' '이름과 명칭 등, 고유명사를 정확히 옮길 수 있는 방법은 무엇인지' 등, 스스로 연구해서 터득해야 할 과제는 초보뿐 아니라 중견이상 번역가들에게도 산적이 쌓여있다.

원문의 의미를 풍성하고 정확히 살릴 수 있도록 자신의 문장력을 최대한 발휘하여 독자가 읽을 수 있는, 읽고 싶어 하는 원고를 쓰는 게 번역가의 소임이 아닐까싶다. 그러려면 우선 원문을 정확히 읽을 수 있는 독해력을 갖춘 뒤 '우리말 테크닉technique'을 키워도 늦지 않다. '독해력'은 본격적으로 번역을 연구할 수 있는 '밑천'이 된다. 아직 독해력이 부족하다면 영어실력부터 쌓으라.

우리말 단어장

번역가는 원문을 읽고 해석하여 이를 자신의 글로 변환한다. 그러니 엄밀히 말해서 독자가 읽는 것은 원저자의 글이 아니라 '번역가의 글'이다. 따라서 역자의 자질은 '우리말 문장력'에서 드러난다는 점을 다시 한 번 강조하고 싶다. 영어뿐만 아니라 '우리말' 단어장이 필요한 까닭도 그 때문이다!

우리말도 영어 공부하듯 해야 한다.

시중에 유통되고 있는 번역지침서는 '테크닉'이나 우리말 어법, 그리고 정확한 독해실력 향상에 주안점을 두었다는 생각이 든다. 물론 그들의 경륜과 프로정신professionalism이 녹아있는 번역 '길라잡이'는 타의 추종을 불허할 만큼 탁월하고 내용도 매우 알차다.

그러나 필자는 사례별로 자신의 번역을 수정·보완할 수 있는 정보보다는 초보번역가가 자질을 함양하기 위해 최소한의 '번역연구법,' 혹은 '독습법self-study'을 밝히고 싶다. '아이에게 생선을 잡아주지 말고 생선 잡는 법을 가르치라'고 하지 않았던가! 물론 생선을 싫어하는 아이에게 아무리 낚시를 가르쳐준들 소용은 없겠지만 말이다. 그러면 우리말 단어장부터 살펴보자.

먼저 공책이나 단어장을 구입해야 한다. 이때 너무 두꺼운 공책은 가급적 피한다. 지레 지치기도 하지만 오랜 기간 단어를 신나게 정리하다보면 그러는 '목적'을 상실하기 때문이다. '내가 왜 귀찮게 단어를 정리해야 하는지'에 대한 목적의식이 사라질 수 있다는 이야기다.

분량이 너무 많으면 복습할 엄두가 나지 않아 문제다. 그러니 될 수 있으면 얇은 공책을 구입할 것을 권한다. 공책이 얇으면 단어정리가 빨리 끝나므로 일종의 '성취감'을 맛볼 수가 있다. 그리고 줄이 그어있는 노트를 구해야 한다.

백지에 글을 쓰면 삐뚤빼뚤 열이 맞지 않아 모양새가 좋지 않다. 외관이 뭐 중요하냐고 반문할지는 모르나 보기 좋은 떡이 먹기도 좋으니 모양새도 무시할 수만은 없을 것이다. 학업 성취도가 높은 학생의 공책을 살펴보면 글씨가 중구난방에 정리도 엉성한 경우는 거의 없지 않은가?

보기 좋은 노트를 만들어야 나중에 복습할 '맛'도 나는 것이다. 물론 복습은 자신의 의지가 가장 중요하나 단어를 어떻게 정리하느냐에 따라 동기자극여부가 달라질 수도 있다.

그렇다면 우리말의 '소스sources'는 어디서 찾아야 할까? 당연히 '신문'이다. 물론 길을 걷다가 인상 깊은 문구가 눈에 들어오면 그 역시 단어장에 기입해야 한다. 간판이나 광고 전단, 전봇대에 붙어있는 작은 '광고 카피'까지라도 그냥 지나쳐선 안 된다. 하다못해 십대 아이들이 가끔씩 던지는 은어도 모두 수집하라. 하지만 '욕설'은, '글쎄'다.

원문을 우리말로 옮기다보면 전혀 생각지 않았던 소스에서 기발한 표현을 찾는 경우가 허다하기 때문에 아무 생각 없이 버릴 수 있는 지식은 없는 셈이다. 그런데 신문은 세상 돌아가는 정보를 읽을 수 있다는 점도 좋지만 내가 생각지 못했던 표현을 제공하는 탓에 자신의 어휘력을 늘리는 데 더할 나위 없는 탁월한 '정보통'이 된다. 또한 경제, 경영, 국제, 사회, 문화, 심지어는 문학과 스포츠에 이르기까지 출판 번역의 장르를 모두 섭렵할 수 있어, 만능 번역가가 될 수 있는 자질을 키워준다.

필자는 신문을 구독해서 보고 있으나 그러지 않아도 상관은 없다. 신문은 인터넷에서 무료로 읽을 수 있으니 말이다. 단, 구독신문은 매일 배달해주므로 그냥 받아서 읽을 수도 있고 스크랩하기도 편리한데, 인터넷은 접속해야 하고 인쇄기로 출력해야 하므로 자신의 의지가 더 필요한 탓에 다소 불편하다. 일단 적당한 공책을 입수했다면 각 페이지를 반으로 접거나(가로로) 세로줄을 그어 좌우경계를 삼는다. 그러고 나서 새로운 표현을 두 구역에 나누어 기록하면 된다. 이때 각 줄마다 빽빽이 기재하는 것은 피하는 것이 좋다. 복잡하기도 하지만 단숨에 어휘를 늘릴 요량으로 욕심을 부려 빼곡히 쓰면 나중에 복습하기도 싫고 '정서도 메마르기' 때문이다. 그리고 인심도 각박해질 것이다. 물론 근거는 없다. 위아래는 한 칸씩 띄우고 조금 넉넉하게 써내려가도 큰 탈이 없으니 안심하라.

투나믹스 필름

이제는 '무엇을 쓸 것인가'가 남았다. 외관도 중요하지만 내용물이 훨씬 더 중요하다는 점을 거듭 강조하고 싶다. 일단 신문을 읽어가면서 써먹고 싶은 표현은 동그라미를 해두던가, 눈에 띌 수 있도록 표시해둔다. 그러면서 신문을 정독한 후(반드시 정독해야 한다. 표현만 건지는 것보다는 배경지식을 밑바탕에 깔아두기 위해서는 세상 돌아가는 이야기도 섭렵해야 하기 때문이다) 표시해둔 어휘를 하나씩 써나가면 된다. 이때 주의해야 할 점이 있는데, 단어만 달랑 쓰고 말아서는 안 된다는 것이다.

국어도 영어 공부하듯 해야 한다고 앞서 말한 적이 있다. 영어는 어떻게 공부했는가? 단어만 달랑 외웠을까? 그렇지 않다. 요즘 표현이나 문장을 통째로 외우라고 강조하는 영어전문가이나 학습서적들을 어렵지 않게 만날 수 있다. 물론 '재래식conventional' 방법이고 더딜 것 같아 보이지만 가장 빠른 방법이기 때문에 예부터 지금까지 사랑을 받아왔다.

예를 들어, '**look**'보다는 '**take a look at**'을, '**effort**'보다는 '**make an effort to**'를, '**visit**'보다는 '**pay a visit**'을 암기해야 가용단어usable words가 머릿속에 저장되는 것이다. '**effort**'만 외웠다면 앞에 '**make**'가 들어갈지 '**take**'를 써야 할지, '**have**'를 붙여야 할지가 애매하기 때문에 단어를 외우긴 했으나 무용지물이 되고 만다.

이를 두고 영어에서는 '연어collocation'나 '숙어phrase'라는 용어를 쓴다. 국어도 마찬가지다. '파행'이란 단어를 신문에서 건져냈다고 치자. 번역을 하다 보니 문맥으로 보아 '파행'이 적절하다고 생각하여 이를 써먹으려고 하는데 '파행이었다'고 할 것인지, '파행이 만들어졌다'고 할지, '파행을 일으켰다'고 할지를 몰라 단어는 알지만 쓸 수 없는 '해프닝'이 벌어질 수 있다. 단어장을 보니 '파행을 빚고 있다'나 '파행을 거듭했다'는 말이 눈에 띈다. 우리말도 '연어'나 호응관계를 모두 파악할 수 있도록 좀 길더라도 인내심을 갖고 정리해야 할 것이다. 그러면 단어장에 썼던 표현을 몇 가지 소개한다.

반박했다 ⇒ ~라며 되레 반박했다

손사래 ⇒ 손사래를 쳤다

일면식 ⇒ 일면식도 없다가

보도했다 ⇒ ~이라고 니혼게이자이 신문이 ( )일 보도했다

눈시울 ⇒ 눈시울을 붉혔다, 혹은 ~라며 눈시울을 붉혔다

미지수 ⇒ ~할지는 여전히 미지수라고 ~이 전했다

엄포 ⇒ 엄포를 놓았다

구설수 ⇒ 이런저런 구설수에 자주 올랐다

파문 ⇒ ~이라고 파문 진화에 나섰다

들통 ⇒ ~하려다 들통이 났다

이처럼 호응관계를 알 수 있도록 기록한다면 좀더 자연스러운 문맥을 유지하면서 세련된 표현을 구사할 수 있다. 그러나 여기서 끝이 아니다. 신문에서 원어를 병기하거나 새로운 정보를 게재할 때도 이를 놓쳐선 안 된다. 언론의 외신보도를 보면 용어 번역 실력이 일반 번역가(중견 이하를 일컫는다) 뺨치는 기자들을 자주 볼 수

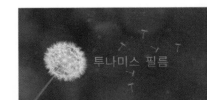

있다. 그들은 문장력 역시 탁월하다. 그래서 신조어가 소개될 땐 기자들이 이를 어떻게 옮겼는지, 그 정의는 무엇인지 관심을 가져야 한다. 또한 이를 고스란히 단어장에 옮기면서 원어도 함께 적어두라. 그러면 앞으로 '어떻게 옮겨야 할지' 고민하는 일은 줄어들 것이다. 방대한 데이터베이스가 깔려있다면 '신조어 할아버지'가 불쑥 튀어나와도 겁먹지 않고 의연하게 번역할 수 있다. 그러면 언론에서 영문을 옮기고 정의를 밝힌 사례 몇 가지 열거할 테니 눈여겨보기 바란다. 물론 문맥에 따라 아래와는 다르게 옮겨야 할 때도 있으니 그저 참고용으로 활용해야 할 것이다. 무조건 맞을 거라며 맹신해서는 안 된다. 항상 융통성을 잃지 말자.

safe guard ⇒ 안전조치

outrageous ⇒ 잔혹한

A faith in small dreams ⇒ 소탈한 꿈에 대한 믿음

a cause greater than self ⇒ 개인을 넘어선 원대한 대의

guiding coalition ⇒ 기조 자문자

Foggy Bottom ⇒ 포기보텀(국무부가 있는 곳)

hybrid ⇒ 하이브리드(어우름)

all-in-one ⇒ 통합

threshold nuclear state ⇒ '핵 개발 문턱 국가'

undeclared nuclear state ⇒ 핵보유를 선언하지 않은 핵능력 국가

— 출처: 동아일보

별도로 마련해둔 생활영어 섹션section도 매우 유용하다. 일반인이 잘 모를 법한 어휘나 관용적인 표현을 정리해주기 때문이다. 그

역시 놓치지 말고 모두 단어장에 수록하기 바란다. 앞서 언급했듯이 '번역하는 데 쓸 데 없는 지식은 없다.' 항상 신문을 꼼꼼히 읽고 우리말 단어장을 차근차근 정리했다면 연구하는 번역가로서의 자질을 갖추었다고 생각한다.

그런데 좀이 쑤셔서 꾸준히 신문을 읽거나 단어를 정리하지 못하는 사람도 있을 것이다. 그들이 신문을 하루도 빠지지 않고 읽는다는 건 무리일 수 있다.

번역일로 눈코 뜰 새 없이 바쁘기라도 하는 날엔 가만히 앉아서 '딴 짓multitasking'을 할 시간조차 낼 수가 없다. 또한 속도가 느려 신문을 읽는 데 반나절이 걸리는 사람들에게도 특단의 조치가 필요할 것이다. 우리말 실력을 배양하는 데 꽤나 괜찮다거나 그냥 지나치기엔 뭔가 꺼림칙한 기분이 든다면 '스크랩'해두면 된다. 기사를 오려서 우리말 단어장에 붙여 보관해야 한다. 그러면 찜찜한 기분도 사라지고 나중에라도 읽을 수 있으니 좋다.

신문을 계속 쌓아두면서 언젠간 읽을 수 있을 거라고 생각한다면 오산이다. 심적 부담만 늘고 미루는 습관도 배가된다. 지금 신문을 쌓아두고 있다면 하루에 적어도 이틀 치는 정리해두어야 한다. 다 읽지 못하더라도 몇 가지 중요하고 굵직한 기사만 따로 스크랩해두자. 오래된 단어장과 신문은 가치부터가 완전히 다르다.

그러면 복습은 어떻게 해야 할까? 눈으로 훑어보거나 소리 내서 읽는 게 전부다. 연습장에 '깜지' 쓰듯 낙서하면서 외울 필요도 없

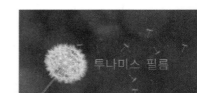

고, 몇 시간씩 투자해서 '마스터' 하지 않아도 된다. 입에 밸 정도로 읽고 넘어가도 나중엔 '이런 표현이 내 머리에서 나오다니!' 하며 감탄할 때가 올 것이다. 그저 눈으로 대충 읽고 지나가도 상관없다. 외국어보다는 국어에 좀더 친숙하므로 스쳐지나가는 듯해도 뇌에 흡수·활용되는 정도가 영어와는 현격히 다르기 때문이다.

우리말 단어장 작성 및 복습요령

○ 적당한 두께의 공책을 구입한다
○ 반을 접거나 세로줄을 긋는다
○ 여백을 위아래로 한 칸 정도 남기며 쓴다
○ 단어만 쓰지 말고 가급적 전후문장을 모두 기재한다
○ 우리말로 옮긴 사례도 반드시 적는다(원어병기)
○ 읽지 않았거나 중요한 기사는 스크랩한다
○ 눈으로 훑어보거나 소리 내서 읽는다

남의 글을 내 글처럼

요즘은 영어 공부를 '약간' 등한시하고 있지만 예전 영어 공부 깨나 했을 때는 꿈속에서 영어를 구사하는가하면 외신도 비교적 잘 들려 영어에 흥미가 붙었었다. 언젠가는 지인들과 이런저런 이야기를 나누다가 어느 기삿거리가 화두가 된 적이 있었는데 생각해보니 불과 며칠 전에 보도를 접했음에도 내가 이를 영자신문에서 읽었는지 우리말신문에서 봤는지, 영어뉴스에서 들은 내용인지 헷갈렸다. 신기하게도 영어를 열심히 공부하다보면 우리말과 외국어의 '경계'가 모호해지는 경험을 자주 하게 된다. 그래서 더욱 의욕이 생기고 외국어학습에 박차를 가하게 되는 듯싶다.

번역을 잘했다는 것은 '번역 냄새'가 나지 않는다는 뜻이기도 하다. 가장 이상적인 번역서는 저자의 의도가 충실히 반영되는 것은 물론, '번역서'인지 국내 저자가 쓴 작품인지 구별할 수 없는 매끄러운 책을 일컫기도 한다. 역자는 '모국어'와 '외국어'의 경계를 허물어야 한다.

투나미스 필름

"로망스 칠 줄 알아요?"

"예."

"기타 좀 치시네요."

"로망스밖에 못 쳐요."

초등학교 6학년 때 들었던 로망스가 아직도 귓가에 생생하다. 악기에 호기심이 많았던 나는 중학교 1학년 때 클래식기타를 혼자 익혔다. 형이 연합고사를 치르고 고등학교에 입학한 기념으로 어머니가 기타를 하나 사주셨는데 기타와 씨름한 시간은 형보다는 내가 더 많았던 것 같다.

한 20년 전인가, 사람들은 "기타를 잘 치느냐?"란 물음대신 "로망스를 칠 줄 아느냐?"고 묻곤 했다. 로망스는 반주가 쉽지 않고 기타 연주가들 사이에서 큰 인기를 누렸기 때문이다. 아이들에게 "피아노를 잘 치느냐?"보다는 "체르니 몇 번을 치느냐?"가 아이의 실력을 가늠하는 질문인 것과 같은 이치다. 영어도 마찬가지였다. 고등학교 시절, 독해력의 척도를 묻는 유행어가 있었다.

"○○영어 몇 번 봤니?"

"네다섯 번"

"말이 필요 없군!"

한 우물만 파라

요즘 이런 대화는 거의 들리지 않는다. 국정교과서나 영어교재가 우후죽순으로 늘어나고 있는 지금에 와서 특정 교재를 두둔한다는 것은 좀 고리타분하게 느껴질지도 모르겠다.

영어교육과 번역을 병행하면서 느낀 점은 풍요가 오히려 빈곤을 조장하고 있다는 것이다. 책은 매달 쏟아지지만 실력은 점점 떨어져 학력저하현상이 언론의 화두가 될 정도니 말이다. 물론 책의 수요와 밀접한 관계가 있다면 좀 어폐가 있겠지만 어느 정도는 영향을 주었다고 생각한다. 가령, 영어교재의 종류가 대표적으로 서넛밖에 없었다면 어땠을까? 독해력을 늘리려면 '반복'이 중요하다. 영어책 하나를 완전히 소화하고 다른 책을 공부해야 한다는 이야기다. 그런데 책이 범람한 탓에 학교나 학원은 '다독'을 권했고 학생들은 '소화불량'에 걸리고 말았다. 그도 그럴 것이, 시중 서점에는 '볼거리'가 너무 많고, 책은 한번 보면 '정'이 뚝 떨어질 뿐만 아니라 교사나 학생들은 한권만 붙잡고 있으면 뒤처질 거라고 생각하기 때문일 것이다. 바꾸어 말하면 '네다섯 번을 봐도 질리지 않는 책'이 없거나 있어도 이를 권장하지 않는다는 이야기다.

예전처럼 한 권을 세 번이나 네 번 공부하는 현상이 널리 확산된다면 전반적인 영어실력은 몰라도 '독해력'만큼은 일취월장했으리라 단언한다. 특히 구문이나 어휘가 방대하여 한 권으로도 고등학교과정을 모두 담아낼 수 있는 책이 있다면 그것만 파고드는 편이 차라리 낫다. 과거 학력고사 시절(필자는 수능 첫 세대라 학력고사가 어떻게 생겼는

투나미스 필름

지는 잘 기억나지 않는다)을 한번 떠올려보라. 국정교과서가 여럿으로 나뉘지 않았고 학습서의 종류도 그리 많지 않았다. 그래서인지 수험생들은 한 권만 '파는' 것을 학습의 '정도正道'로 여겼고 이를 강조하는 교사들도 많았다. 그래도 학력저하 현상이 화두가 된 적은 없었으며, 오히려 독해나 문법 실력은 당시 학생들이 지금보다 훨씬 뛰어났을 거라고 생각한다. 같은 책을 여러 번 공부하다보면 한번으로는 각인되지 않는 어휘나 구문이 '스펀지에 물이 흡착되듯' 머릿속에 저장되고 잘 잊히지 않는다. 정확히 아는 게 있어야 영어를 이해할 수 있다.

문법도 등한시하면 안 된다. 문법학습은 외국어를 읽고 쓸 수 있도록 '틀'을 마련하는 작업이며, 문법은 말과 글을 읽고, 쓰고, 말하고, 듣는 데 없어서는 안 될 최소한의 규칙이다.

"영어로 리포트paper를 제출하라고 했는데 도통 무슨 말인지 읽을 수가 없었다."는 어느 은사님의 실망은 어쩌면 얄팍한 영어학습의 단면을 보여주는 듯하다.

문법은 기본적인 규칙이므로 "영어를 어떻게 공부해야하냐"는 질문에 필자는 항상 문법부터 습득하라고 권한다. 단어를 많이 안다고 해서 글을 읽고 쓸 수 있는 것은 아니다. 단기간(최장 2개월)에 끝내야 한다는 원칙도 그에 못지않게 중요하다. 학습기간이 길면 지구력이 떨어져 포기하기 쉽고 머리에는 남는 게 없어 비효율적이기 때문이다. 실제적인 영어구사능력에 적용할 수 없는, 이른바 '문법을 위한 문법the grammar for its sake'을 피하라는 말을 '문법은 중요하지 않다'

는 말로 오해해선 안 된다.

영어 공부

"영어를 길게 말하고 싶어요."
"따지는 습관을 버려야 영어가 산다."
"영어 10년 공부해도 벙어리……"

내가 듣기 싫어하는 말들이다. 어학의 목적과는 거리가 멀거나 사실과 다르기 때문이다. 우선 "영어를 길게 말하고 싶다."는 사람은 의사소통보다는 영어실력을 남들에게 과시하려는 욕심이 강한 사람이다. 언어는 커뮤니케이션이나 정보 습득 등을 전제로 배우는 도구에 지나지 않으나, 그들의 언어학습은 수단이 아니라 목적이라는 점에서 동기가 '불순'하다.

'영어 문법을 따져선 안 된다?'는 주장 역시 이해하기가 어렵다. '문법을 따져선 안 된다.'는 발상 탓에 요즘 문법 학습이 '침체기'에 빠지지 않았나싶다. 이는 90년대 들어 영어학습의 세대교체가 일어나면서 고리타분한 옛날 문법을 청산하자는 주장과 함께 나온 이야기다. 그렇게 따지면 옛날에 영어를 배운 사람은 다 영어를 못해야 옳은데 그렇지도 않다. 당시 영어를 따지지 않은 사람이 어디 있었는가?

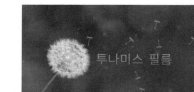

투나미스 필름

교실에서 영어를 그렇게 가르쳤는데 자칭 '청출어람'이라며 이를 탈피한 학생이 몇이나 될까? 초보라면 문법은 찬찬히 따져가며 배워야 한다. 바른 영어의 틀을 구축하려면 그러는 수밖에는 없다. 바꾸어 말하면, 영문을 읽을 때 문법을 따진다는 것은 그가 아직 초보 수준이라는 방증이다. 문법을 따지지 않는다고 왕초보가 고급 실력파가 되진 않는다. 오히려 문법을 등한시하면 영어를 바르게 구사할 수 없거니와 문장을 이해하지 못했을 때 영영 이를 밝혀내지 못할 공산이 크다.

흔히들 우리말에 빗대며 영어를 따지지 말라고 한다. 이를테면, "우리말은 문법을 몰라도 잘 하지 않느냐?"는 식으로 말이다. 그러나 실은 그렇지가 않다. 우리는 문법을 모르는 것이 아니라 '체언'이나 '용언,' 혹은 '관형어'나 '부사어' 등 문법 용어를 모를 뿐이다. 또한 문법 구조가 체화되어 굳이 용어를 들먹이지 않더라도 자연스럽게 구사할 수 있는 것이다.

"문법은 따지지 말고 그냥 그런 줄 알아!"
"'나름'은 의존명사이니 체언 뒤에 써야 합니다. 이를테면, 내 나름, 제 나름 혹은 당신 나름 등 …….."

우리말이라도 바르게 배우고 가르치려면 문법을 알아두는 것이 좋다. 문법을 따지면 독해 속도도 느려지고 거꾸로 올라가며 읽으려는 습관이 생긴다고는 하나 그 역시 틀린 주장이다. 애당초 거꾸로 올라가며 읽는 습관은 교사들이 그렇게 가르쳤기 때문이지 문법과는 아무런 상관이 없다. 게다가 엄밀히 말해, 문법을 따져가며 글을 읽는 사람은 없다. 내용이 파악되지 않을 때 그제야 주어와 동사를 따지지 않는가? 여러분이라면 글을 보자마자 다짜고짜 따지기부터 하는가? 하지만 문법을 전혀 모른다면 글이 막혔을 때 얼마나 막막하겠으며 무슨 기준으로(근거로) 글을 파악할 수 있겠는가? 처음엔 차근차근 따지지만 실력이 오르면 따지는 일도 없어진다. 내용이 파악되는데 누가 그걸 따지고 있겠는가?

There was once a dog which had the bad habit of biting anyone who came near it.

초급: There? once? which는 또 뭐야? 나쁜 버릇? 뭔 말인지 모르겠네.

중급: 우선 'there was'는 있었다. 'once'는 한때, 'a dog'은 개 ……, 아하! 한때 개가 있었구나. 'which'는 수식해주는 말이니까 ……, 어떤 개냐면 'had the bad habit' 나쁜 습관을 가진 개군. 'of biting anyone' 누구라도 문다? 음, 'who(관계대명사) came near it.' 근처에 오는 건 누구나 물어버리는 개구나!

고급: 한때 있었다 | 개가 | (어떤 개냐면) 나쁜 버릇이 있군 | 근처에 오기만 하면 물어버리는 구만.

'영어를 10년 배웠는데 벙어리'라는 발언에도 문제가 있다. 사실 우리는 영어를 10년 동안 배운 것이 아니다. 시간을 따져보면 초등학교에서 매주 1~2시간, 중·고등학교는 약 4시간인데 대학교에서

투나미스 필름

수강하는 영어 과목까지 합해봐야 800시간이 조금 넘는 수준이다.

이는 8시간동안 꾸준히 100일을 배우면 채울 수 있다. 게다가 듣기와 말하기, 쓰기 및 독해를 따로 배우니 어떤 영역은 200시간이 채 되지 않을 것이다. 즉, 우리나라 교육은 '가는 물방울을 조금씩 떨어뜨려 바위를 깎겠다.'는 식으로 진행돼온 셈이다. 하지만 서울대 언어학과 이호영 교수에 따르면, 최소 2,400시간은 말하고 쓰는 교육을 받아야 필요한 업무를 볼 수 있는 수준에 도달할 수 있다고 한다. 절대량에는 턱없이 부족하니 애당초 이길 수 없는 게임인 셈이다. '벙어리'가 당연하다는 이야기다. 그러니 괜히 주눅 들지 말고 더 열심히 공부에 전념하길 바란다.

영어의 추억

초등학교 당시 정규 교과과정에는 영어과목이 없었던 탓에 6년을 마치기까지 영어라면 특활시간에 배운 단어 몇 개와 인사말 몇 마디가 고작이었다. 겨울방학부터 중학교 1학년 영어자습서를 구해서 알파벳을 익히고 기본적인 문장전환까지 연습했다(평서문을 의문문이나 부정문으로 바꾸는 등).

공부하고는 거리가 멀었던 내가 왜 그랬는지는 정말이지 지금도 모르겠다. 그렇다고 영어를 잘한 것도 아니다. 1학년이야 겨울방학 때 쌓아놓은 '내공'이 있어서 성적은 우수했으나 2학년 때부터 점차 떨어지기 시작하면서 고등학교 땐 바닥권에 진입하게 되었다.

아무리 읽어도 무슨 말인지 모르는데 시험을 잘 볼 턱이 없다. 단어도 열심히 외웠고 책도 큰소리로 읽었는데 점수는 오를 기미가 보이지 않았다(발음 좋다는 얘기는 많이 들었지만 점수와 발음은 아무 상관이 없더라!). 우여곡절 끝에 대학에 진학한 후로는 영어 공부방법에 관한 서적을 탐독하고 영어청취 모임을 조직하는 등(몇 달 못 갔지만), 왕성한 학습활동을 벌였다. 하지만 영어는 끝내 모국어처럼 들리진 않았다.

교육방송도 매일 시청하다시피하며 좋은 표현이 있으면 어떻게든 이를 써먹으려고 노력했지만 한마디라도 속 시원히 나온 적은 없었다. 사실, '국내파'가 영어를 유창하게 말하고 알아듣기 어렵다는 뉴스도 척척 들을 수 있는 비법은 아직 발견하지 못했다.

영어 정복은 끝이 보이지 않는 시련의 과정인지라 자신이 공부한 자취를 일일이 기억할 수도 없거니와 학습효과가 일어나게 된 경위를 정확히 파악하기란 불가능하므로 아무리 영어를 잘해도 "나처럼 하면 잘할 수 있다"고 이야기해서는 안 될 것이다. 가르쳐주고 싶어도 이렇다 할 비결을 내놓지 못하는 것이 당연하다는 이야기다.

'입력'은 하지 않고 '출력'만

대학을 졸업하고 난 후에는 외국어 학원에서 영어를 가르쳤다. 처음에는 회화를 가르치다가 청취강좌를 개설해달라는 요구가 수락된 후로는 그곳을 떠나기까지 청취만 가르쳤다.

투나미스 필름

당시 수원에서는 수요가 거의 없다는 이유로 청취강좌를 개설한 어학원이 없었다. 아니나 다를까, 수강생은 매월 4명을 넘지 않아 학원 관계자는 청취반이 밉살스러웠는지도 모르겠다. 수지타산이 맞지 않았으니까. 청취를 고집한 이유는 나만의 교육철학 때문이었다. 청취는 화자의 국적과 고향 등 매우 다양한 변수가 작용한다. 이를테면, 미국식 발음에 익숙한 사람도 영국식이나 인도식 혹은 파키스탄 사람의 영어는 알아듣지 못하는 경우가 비일비재하다. 굳이 변수를 따지지 않더라도 언어의 4가지 영역 중에서 듣기가 가장 어렵다. 아기도 입이 트기 전까지 몇 년을 듣기만 하지 않는가? 그럼에도 영어회화 강좌는 자리가 남아나질 않고, 독해나 청취는 자리가 늘 남는다. 영어강사로서 이해하기 힘든 현상이다. 영어 공부법을 모르는 사람들은 말부터 트여야 한다고 생각하기 때문일까? 독해와 청취가 '입력'이라면 회화는 '출력'에 해당된다.

입력은 늘리지 않고 출력만을 늘리려한다면 영어 학습은 균형을 유지할 수 없을 뿐 아니라 원활한 커뮤니케이션도 기대할 수 없다.

생각은 단어의 조합을 거쳐 입으로 나오는데, 이때 단어를 조합하는 규칙을 '문법'이라고 한다. 즉, 문법과 어휘력이 뒷받침돼야 회화가 가능하다는 이야기다. 그러니 문법과 독해, 청취로 입력량을 늘린 뒤 차근차근 출력(말하기와 쓰기)을 늘려야 할 것이다. 어학원에서 5년 남짓 가르치면서 느낀 점이 있다면 그들은 '수요가 교육을 결정한다.'는 폐단을 아직도 고치지 않는다는 것이다. 아예 고칠 생각이 없다고 봐야 옳을지도 모르겠다.

한국인답게 영어를 구사하라

"뱁새가 황새를 따라가려면 가랑이가 찢어진다."

영어를 길게 빨리 말하고 싶어 하는 사람들이 많다. 실은 나도 대학시절에는 그랬지만 꽤 오래 전에 생각을 고쳐먹었다. 지금도 그런 사람이 있다면 위 속담을 기억하길 바란다.

황새는 다리가 길어 걸음 당 간 거리가 긴 반면, 뱁새는 총총걸음으로 짧은 거리를 간다. 원어민이 황새라면 우리는 뱁새에 해당될 것이다. 뱁새가 황새를 쫓아가지 못하듯 우리도 원어민을 쫓아갈 수 없으며 그래서도 안 된다. 우리는 '뱁새답게' 영어를 구사하면 된다. 될 수 있는 한, **주어**와 **동사** 및 **목적어** 순으로 단어를 붙여가며 짧고 명료하게 의사를 표현하라. 언어는 소통 수단이지 자신을 과시하는 '럭셔리 세단'이 아니다.

나는 말을 빨리 하지 않는 편이다. 하다못해 "Where are you going?" "Are you planning to get married?" 등, 기초적인 문장도 속도를 붙이지 않는다. 혹시라도 말이 빨라지면 원어민은 내가 영어 깨나 하는 줄 알고 그 후로는 마음 놓고 '속사포'를 터뜨릴지도 모른다. 그러면 뒷감당이 안 된다. 그가 농담이라도 하는 날엔 식은땀이 절로 날 것이다.

투나미스 필름

'명사'를 보는 눈을 키우라

끝으로 명사를 읽는 법을 이야기하고 이 장을 마치련다. 달랑 명사만 다루는 까닭은 시중 문법책은 이를 거의 알려주지 않기 때문이다. 물론 명사를 이해한다고 해서 독해의 달인이 되지는 않겠지만 '번역가의 마인드'로 쉽게 문장을 볼 수 있는 눈은 키울 수 있을 것이다. 그러면 다른 품사가 명사로 진화하는 까닭부터 살펴보자.

- tree, flower, cup, cat, bottle, pencil, card, apple, table
- translation, refusal, examination, assistance, recovery, response, contribution

위에 열거한 단어는 모두가 '명사'다. 하지만 아래 단어는 본디 동사에서 비롯된 것들이다. 이처럼 동사가 명사로 둔갑한 말을 '파생명사'라 하며 원형은 다음과 같다.

- translate, refuse, examine, assist, recover, respond, contribute
번역하다 | 거절하다 | 시험하다 | 돕다 | 회복하다 | 답변하다 | 기부하다

동사를 쓰면 될 것을 굳이 명사로 바꾼 까닭은 무엇일까? 예문을 들어 설명할 테니 집중력을 잃지 말자.

- **He knows that she is honest. And that made her a secretary.**
그는 그녀가 정직하다는 것을 안다. (그리고) 그 사실이 그녀를 비서로 만들었다.

'절(clause)'은 '동사'가 결정하며 '절의 수 = 동사의 수(조동사는 예외)'라는 항등식이 성립한다. 동사는 'knows,' 'is,' 'made' 3개니까 '절'도 3개라야 옳은데, 석절을 연결하려면 접속사는 (이음새 역할을 하므로) 2개가 있어야 할 것이다. 이를 공식으로 만들면 다음과 같다.

- **문장의 수**　　 **=** (대문자로 시작하여) **마침표의 수**
- **절의 수**　　　 **= 동사의 수**
- **접속사의 수**　 **= 절**(동사)**의 수 − 1** (절≧2)

석 절의 접속사는 '**that**(종속접속사)'과 '**and**(등위접속사)' 둘 뿐이다. 동사를 명사로 바꿔야 했던 '사연'을 항상 염두에 두고, 이번에는 위의 두 문장을 하나로 합쳐보자. 앞서 밝혔듯이, 문장은 마침표의 수와 동일하다.

• That he knows that she is honest made her a secretary.

두 문장을 결합했으나 동사가 셋이므로 접속사는 여전히 둘(전방의 'that'과 가운데 'that')이다. 문장은 하나인데 접속사가 둘씩이나 자리를 잡으면 문장이 길어지므로 '언어의 경제성'은 떨어지게 마련이다. 즉, 언어의 '경제'는 동사가 불어날수록 '침체한다'는 이야기다. 때문에 이 한계를 극복하고자 진화는 동사를 선택했고 '동사'는 자신을 버려 '명사'의 형체를 가지게 되었다.

투나미스 필름

• **His knowledge of her honesty made her a secretary.**

어떤가? 이제 동사는 하나(made)밖에 없다. 마침표도 하나다. 그러니 절과 문장은 모두 하나가 되었다. 누락된 내용도 없고 문장도 더 간결하고 깔끔해졌다.

동사가 명사로 진화될 수밖에 없었던 까닭은 언어의 '경제성' 때문이다. 글을 쓸 땐 이처럼 경제성을 최대한 살려서 써야 하지만 독해는 좀 다르다. 위 예문에서 가장 읽기가 어려운 문장은 몇 번째인가?

• He knows that she is honest. And that made her a secretary.
• That he knows that she is honest made her a secretary.
• His knowledge of her honesty made her a secretary.

분명 세 번째 문장이 이해하기가 가장 어려울 것이다. 경제성을 살리면 의미 파악은 되레 어려워지는 법이다. 그렇다면 역으로 파생명사를 '원래의 말(동사)'로 바꿔서 생각하면 의미가 훨씬 쉽게 파악될 것이다.

a government of the people, by the people, for the people……

링컨 대통령이 남긴 명언이다. 뭔가 의미심장한 메시지를 던지는 듯싶지만, 따지고 보면 무슨 소린지 잘 몰라 링컨님께 뜻을 다시 풀이해달라고 당부해야 할 그런 말이다. 문제는 애매모호한 번역문에

있다. 교과서나 서적을 뒤져보더라도 획일적인 역문뿐이며 이를 속
시원히 설명해주는 사람도 거의 없었던 것 같다. 동사가 없기에 더
욱 우리말로 옮기기가 쉽지 않았을 것이다.

국민의, 국민에 의한, 국민을 위한 정부

'국민의'와 '국민에 의한'의 의미가 모호하다. 전치사를 기계적
으로 옮겨놔서 아이디어가 분명치 않은 것이다. 글을 좀더 읽다보면
링컨 대통령의 말을 명쾌하게 이해할 수 있을 뿐 아니라 '명사'를
바라보는 안목도 크게 달라질 것이다. '영어병'을 시름시름 앓는 사
람들이 조금이나마 치료의 실마리를 찾았으면 좋겠다. 파생명사를
읽는 법을 둘로 나누면 다음과 같다.

1. 명사는 동사로 바꿔서 생각한다.
2. 주어와 목적어를 찾는다(목적어가 없을 때도 있다).

이 철칙만 염두에 두면 된다. 그럼 사례별로 하나하나씩 풀이해보
자.

투나미스 필름

The wise lawyer's examination of the young man was carried out very quietly and very effectively.

lawyer 변호사 | examination 심문 | carry out 실시하다
quietly 조용하게 | effectively 효과적으로

중학교 3학년 교과서에(교학사) 실린 문장을 약간 바꿔서 적어보았다. 분명히 말해두지만, 단어의 뜻을 몰라 아이디어를 파악하지 못하는 것은 아닐 것이다. 문제는 '~의'로 번역하는 단어가 중복 — 소유격을 나타내는 ''s(아포스트로피 에스)'와 전치사 'of' — 됐다는 데 있다. 그러니 '변호사의(lawyer's)'와 '젊은이의(of the young man)'가 충돌하므로 도통 무슨 말인지 모르는 것이다. 그러면 명사를 추려보자.

lawyer, examination, man

동사에서 비롯된 명사는 무엇인가? 바로 'examination'이다. 'examination'은 동사 'examine'에서 파생되었으니 '심문 examination'을 '심문하다examine'로 바꿔서 생각하면 된다. 그러고 나서 주어와 목적어를 찾으면 끝이다. 즉, '누가' '누구를' 심문하는지 밝히면 된다는 이야기다. 별도의 '특수 장치(나중에 언급하기로 한다)'가 없다면 앞쪽에 있는 말이 주어가 될 공산이 크다. 따라서 문장의 큰 틀은 이렇게 잡으면 된다.

지혜로운 변호사는 젊은이를 심문했다.

명사를 동사로 바꾸면 원래 있던 동사는 신경 쓰지 않아도 된다. 이럴 땐 동사 'be carried out'은 과감히 버리라. 이렇게 가지를 쳐버리고 나머지를 적절히 결합하면 다음과 같이 완성된다.

The wise lawyer's examination of the young man was carried out very quietly and very effectively.

지혜로운 변호사는 조용하고 효과적으로 젊은이를 심문했다.
현명한 변호사는 조곤조곤 능숙하게 젊은이를 추궁했다.

어떤가? 이 한 가지만으로는 응용력이 생기진 않겠지만 앞으로 세 가지 원칙(파생명사, 주어, 목적어 파악하기)에 따라 분석하면 웬만한 글은 무난히 읽을 수 있을 것이다.

적용하기

…… the LDP's dominance of Japanese politics.

파생명사: 'dominance(지배, 장악)' ⇒ 'dominate(장악하다)'
누가(주어): 'the LDP(the Liberal Democratic Party, 자민당)'
무엇을(목적어): 'Japanese politics(일본 정치계)'

자민당이 일본 정계를 장악했다

투나미스 필름

...... where international assistance may not be welcome

파생명사: 'assistance (지원)' ⇒ 'assist (지원하다)'
누가: 'international (국가가)'
무엇을: 없음

국가들이 지원하는 게 탐탁지 않을 수도 있다

The key to his accurate free throws ......

파생명사: 'free throws (자유투)' ⇒ 'free throw (자유투하다)'
누가: 'his (그가)'
무엇을: 없음

그가 정확히 자유투할 수 있는 열쇠 (중요한 방법)는 ......

the refusal of emerging markets to allow currency appreciation

파생명사: 'refusal (거부)' ⇒ 'refuse (거부하다)'
　　　　　 'appreciation (가치상승)' ⇒ 'appreciate (가치가 상승하다)'
누가: emerging markets (신흥시장)
무엇을: to allow currency appreciation (통화가치가 상승하는 것을 허용함)

신흥시장은 통화가치가 상승하는 것을 거부한다

끝으로 링컨 대통령이 남긴 명언을 풀이하고 나머지는 독자 여러분에게 맡기겠다. 구절의 의미는 모두 풀이해놓았으니 처음에는 어렵더라도 꼼꼼히 분석해보고 글을 읽을 때 이를 적용하면 좋을 것이다.

a government of the people, by the people, for the people……

파생명사: 'government(정부)' ⇒ 'govern(다스리다)'
누가: people(국민)
무엇을: people(국민)

국민이 국민을 위해 국민을 다스리는 정부

여기서 한 가지 주의해야 할 점이 있다. 위의 예는 'people'이 중복된 탓에 'of the people'이 주어인지 'by the people'이 주어인지가 모호하다. 그럴 땐 'by the people'을 주어라고 생각해야 옳다. 그 근거는 수동태를 공부했다면 어렵지 않게 이해할 수 있을 것이다.

주어(S)+동사(V)+목적어(O)
⇒ 목적어(O)+be+과거분사(pp)+by+주어(S)

목적어는 '주어' 자리에, 그리고 주어는 보통 'by' 다음에 붙였다고 배웠다. 따라서 'by+명사'는 무조건 '주어장치'겠거니 생각하자. 예문을 좀더 살펴보자.

"남의 글을 내 글처럼"

The destruction of local businesses by supermarkets is global.

파생명사: 'destruction(파괴)' ⇒ 'destroy(파괴하다)'
누가: supermarkets(슈퍼마켓)
무엇을: local businesses(동네 구멍가게)

전 세계적으로 슈퍼마켓이 동네 구멍가게를 파괴하고 있다

'by' 이하를 주어로 간주한다면 아이디어를 정확히 파악하는 데 아무런 문제가 없다. 경우에 따라 'of' 이하가 주어가 될 때도 있으나 그건 'by'가 없을 때 그렇다는 이야기다. 명사를 동사로 간주하며 읽어야 하는 까닭이 또 있다. 마치 관용어인양 외웠던 표현을 보면 알 것이다. 다음 열거한 구문에서 명사를 찾아 이를 동사로 옮겨보라.

make an effort to ⇒ 노력(effort)하다

take a walk ⇒ 산책(walk)하다

make a decision ⇒ 결정(decision)하다

have a conversation ⇒ 대화(conversation)하다

pay attention to ⇒ 집중(attention)하다

pay visit to ⇒ 방문(visit)하다

take a look at ⇒ 보다(look)

명사를 동사로 전환하는 것은 우리가 애당초 배웠지만 이를 확대 적용하진 못했다. 명사는 아이디어를 '압축 파일'에 담은 말이므로 이를 풀어서 읽어야만 정확하고 이해하기 쉬운 번역문이 나올 수 있을 것이다(비단 번역만의 문제는 아니다!).

그러면 다음 예문을 읽어보고 필자의 역문을 참고하기 바란다. 두 가지 철칙을 잊지 않고 적용한다면 큰 어려움은 없을 것이다.

연습문장

1. … the invasion by North Korea of South Korea in 1950 greatly heightened concerns in Washington.

2. … head off an outbreak of the virus

3. The prime minister's landslide victory will solve only some of Japan's problems.

4. With economic recovery gathering force…

5. … in close contact with infected birds

6. Young people need good teaching of science…

7. America's largest consumer of foreign oil…

"남의 글을 내 글처럼"

8. I see how admirable his treatment of me has always been.

9. Once, the U.S. government made such investments.

10. ... renewables can make a contribution to energy security as well as reducing carbon emissions.

11. As people act out different roles, they sometimes alter their consumption decisions depending on the 'play' they are in.

12. ...though this hasn't prevented violent repression and denunciation of the organization by government forces, landlords, hired guns and the media.

13. Oil prices are at record highs because of short-term concerns over the security of supplies.

14. They say the search for alien life is likely to fail.

15. And they made such a deep impression that they sparked in me a desire to become a doctor myself.

16. Getting a good night's sleep before the test ....

17. ... participation in yoga rose considerably before it reached a peak in 2000.

번역

1. 1950년 북한이 남한을 침략하자 미국 정부는 신경이 더욱 곤두섰다.

2. 바이러스가 출현하는 것을 막다……

3. 총리가 압승해도 일본이 안고 있는 과제 중 일부만 해결될 것이다

4. 경제가 회복되는 현 추세가 탄력을 받았다

5. 감염된 조류와 접촉하다

6. 어린이들에게 과학을 잘 가르쳐야 한다

7. 미국에서 해외 석유를 가장 많이 소비하는 지역

8. 그가 나를 얼마나 자상하게 대했는지 알고 있다

9. 한때 미국정부는 막대한 액수를 투자했다

10. 재생에너지원renewable은 에너지안보뿐만 아니라 탄소가 배출되는 양을 줄이는 데
    도 기여할 수 있다.

11. 사람들의 역할이 다양해짐에 따라 그들은 때때로 '각본'에 따라 소비를 결정한다

12. 정부군과 지주landlords, 살인청부업자hired guns 및 언론이 조직의 허물을 비난하
    고denunciation 억압하는 것repression을 방지하진 않았으나……

13. 유가가 기록을 경신한 까닭은 공급량을 확보하는 데 대한 우려가 잠시 확산됐기 때문
    이다.

14. "외계생명체를 찾는 일은 헛수고가 될 공산이 크다."라고 그들이 말했다.

15. 그들은 의사가 되고픈 소욕을 내게 불어넣었다는 인상을 주었다.

> ☞ 참고로 before는 앞에서 순차적으로 읽는 편이 나을 때가 많다.
> * A before B ⇒ A 하고 나서 B하다

16. 숙면한 후 시험을 치르거나…….

17. 요가에 참여하는 (사람)은 점차 늘다가 2000년에는 최고를 기록했다.

"남의 글을 내 글처럼"

갈무리 인문학

창작의 고통

번역가도 창작의 고통을 겪는다. 특히 후기를 쓸 때는 번역보다 몇 배의 고통을 겪어야 한다. 경험으로 미루어, 후기를 써달라는 출판사가 많은 편은 아니었지만 대개는 작품을 옮긴 지 몇 개월에서 1년 남짓 되었을 때 후기를 의뢰하더라. 그게 무슨 책이었는지 대강 짐작만 가는데 글을 쓰려니 고통이 이만저만이 아니었다.

원고를 대충이라도 훑어는 봐야 쓸 거리가 생긴다. 관련 내용을 신문에서 발췌하기도 하고 중요한 내용도 한두 개는 건져내야 한다. 행여 글을 못 썼다거나(대놓고 그렇게 이야기하지는 않지만) 짧다는 핀잔을 들을까 걱정도 된다. 필자는 A4 용지 한 장 쯤으로 생각하고 후기를 쓰는데 막상 보내면 (아니나 다를까) 좀더 추가해달라는 주문이 이어진다. 또 뭘 어떻게 더 써야 하나, 한참 고민하며 또 다시 노트북을 켠다.

특히 옮긴 작품이 마음에 들지 않을 때는 후기 쓰는 일이 정말 곤욕이다. 명색이 '후기'인데 비판을 늘어놓을 수는 없는 노릇 아니겠는가? 그렇다고 자신을 속여 가며 칭찬일색도 좀 그렇다. 이때 필자는 중립노선을 유지하며 글을 쓰지만 그것도 쉽지만은 않다.

원저자의 글이 아니라 내 글이 게재된다면 나만의 특징을 살려야 할 듯싶어 이것저것 고민한 끝에 지인의 이름을 넣기로 했다. 후기에 들어간 이름은 나와 친분이 있거나 잘 알고 있는 사람의 실명이다(필자가 저술한 책에도 실명이 더러 들어가 있다). 그런데 이를 못마땅하게 여겨서인지 실명을 죄다 가위질해버리는 편집자가 있는가 하면, 내가 생각해낸 제목을 멋대로 바꾸는 편집자도 있었다. 번역가도 작가인데 자기가 쓰거나 옮긴 글을 함부로 지워버리면 기분이 많이 상한다. 경험해본 사람은 내 말에 동감할 것이다. 내 나름대로 고생고생해서 쓴 글 중 애착이 가는 후기를 게재하니 마음껏 감상하기 바란다. 참고로, 수록된 후기는 편집자의 '입김'이 들어가기 전의 원문인지라 출간된 책과는 다를 수 있음을 밝힌다.

"남의 글을 내 글처럼"

글올김 인문학

역사가 빚어낸 넉넉한 전통

"한국은 최빈국에서 공여국으로 성장한 특별한 사례입니다."

5월 10일 제55차 유니세프국가위원회 연차 총회차 서울을 방문한 힐데 존슨 유니세프 부총재의 말이다. 그녀의 말마따나 우리나라는 1961년 OECD 출범 이후 원조 수혜국에서 공여국으로 지위가 바뀐 첫 모델이 됐으며 OECD에 가입한 지 13년 만인 2009년 원조 선진국 클럽이라는 DAC 회원국이 되었다.

국제원조란—본문에서 밝힌 정의에 따르면—'수혜국 국민의 형편을 개선할 요량으로 정부가 다른 독립 정부나 NGO 혹은 국제기구(세계은행이나 유엔개발 계획 등)에 공적 재원을 최소 25퍼센트의 증여율로 이전하는 자발적인 행위'라고 한다. 원조는 그리 생경한 개념은 아니지만 작년 들어 우리나라가 공식적으로 공여국이 됐다는 소식에 일반인들은 의아심을 품었을지도 모르겠다. "여태 공여국이 아니었나?" 하고 말이다.

대외원조가 태동하기 전에는 '저도 살기 힘든데 다른 나라 살림까지 십시일반 돕는다.'는 개념은 가당치도 않았다. 잘 산다는 강대국도 예외는 아니었으리라. '이웃 나라를 네 나라처럼 사랑하라.'는 '황금률'에 목숨을 건 적도 없거니와 패권을 쥐려고 안간힘을 써온 마당에 '가난한 나라의 자립을 도와야 한다.'는 주장이 정부나 의회에서 통할 리는 없었을 것이다.

바꾸어 말하면 국제원조는 사회적인 통념과는 달리 애당초 순수한 대의명분에서 출발한 것이 아니었다는 이야기가 된다(후진국의 개발이나 기초생활 향상을 걱정한 것은 공여 의식이 성숙한 후였다). 이를 두고 캐럴 랭커스터Carol Lancaster는 의회와 정부기관을 넘나들며 현장 경험을 토대로 원조의 '필연성'과 공여국(미국과 일본, 프랑스, 독일 및 덴마크)의 '꿍꿍이'를 역설한다.

후기 제목에서도 밝혔듯이 대외원조가 태동하게 된 계기는 역사적인 사건과 매우 관계가 깊었다. '마셜 플랜'이 적절한 예가 될 것이다. 40년대 말 유럽은 '전쟁 증후군(빈곤과 좌절감)'으로 기존 정당에 대한 불만이 누적되고 있었다. 그 결과, 이탈리아와 프랑스에서는 공산당이 집권할 확률이 높아졌고 기타 중·동유럽 국가들은 소비에트 블록에 하나둘씩 흡수되기 시작했다. 이 와중에 영국이 그리스와 터키 정부의 지원을 끊자 워싱턴은 유럽에서 점차 확대되는 소련의 기세에 불편한 심기를 감출 수가 없었다. 결국 미국 정부는 그리스·터키 원조 이후 4년간 유럽의 안정과 회복을 위해 130억 달러를 투입했다. 이처럼 미국은 구소련과의 냉전이 있었기에 원조라는 카드로 '냉기'를 '식히려' 했던 것이다. 한편, 일본과 프랑스는 각각 2차 대전의 패배와 식민정책의 결과로 원조를 '잉태' 했다. 『왜 세계는 가난한 나라를 돕는가?』는 그 밖에도 국제원조의 추이뿐 아니라 세계 역사의 흐름과 맞물린 각 국가의 이해관계를 읽는 데 많은 도움이 될 것이다.

이제 유엔과 세계은행 등 주요 국제기구에서 선진 공여국으로 인정받게 된 한국은 국가 브랜드와 이미지를 높이는 효과를 거둘 수

"남의 글을 내 글처럼"

있게 되었다. 어찌 보면 국제원조는 '베풀면 되레 거둔다' 는 패러독
스를 실현해줄 수단이 아닐까 싶다. 그런 의미에서 이 책을 관통하
는 한 가지 진리는 '세상에 공짜는 없다.' 는 것이다.

—『왜 세계는 가난한 나라를 돕는가?』

크리스천과 무슬림, 가까이 하기엔 너무 먼 형제

　도시의 밤하늘을 수놓는 십자가 네온사인, 너무 흔해 존재감은 흐릿해진 지 오래다. 작은 동네에도 수십 개씩 들어선 군소교회는 반짝 떴다가 쥐도 새도 모르게 문을 닫으니 마치 아이돌idol 그룹을 닮은 듯싶기도 하다. 그런데 하루에도 수십, 수백씩 뜨는 교회가 세상의 빛과 소금이 되지 못하고 있다는 사실에 마음이 씁쓸해진다. 다는 아니겠지만, 우후죽순으로 늘어가는 십자가는 '교회가 내분으로 갈라서고 있다'는 방증일 수도 있기 때문이다. 게다가 한국 교회는 폭행과 법정 공방 및 간음 등, 온갖 불미스런 혐의로 언론의 질타를 받아왔다. 그러니 한국이야말로 전 세계 종교분쟁의 축소판이 아닐까 싶다. 물론 저자가 취재한, 동남아 및 아프리카의 분쟁과 비교해 보면 한국은 그나마 '신사적인' 편이다. 예컨대, 나이지리아에서는 성폭행과 방화가 빈번히 벌어지는가 하면, 대검으로 아이의 사지를 갈기갈기 찢고는 이를 타이어에 넣어 불사르기까지 했다고 하니 말이다(믿어지지가 않아 내가 문장을 잘못 봤나 싶었다).

　무슬림과 크리스천(혹은 유대교)이 서로 으르렁거리게 된 기원은 성경 『창세기』에서 찾아볼 수 있다(쿠란과는 내용이 다르니 이슬람 신도(무슬림)는 이해하고 글을 읽기 바란다).

　하나님은, 아내(사라)가 불임 여성인 탓에 자녀가 없던(창 11:30) 아브라함에게 "자식을 주어 후손이 하늘의 뭇별처럼 많아질 것"이라

"남의 글을 내 글처럼"

고 약속한다. 그러나 믿음이 적은 아내의 '입방정'—"하나님께서 출산을 허락지 않으셨으니 여종을 씨받이로 쓰면 자녀를 얻을 수 있지 않겠습니까?"—에 그는 신과의 언약을 무시하고 여종 하갈과 동침하여 86세에 이스마엘을 낳는다.

그로부터 13년 후, 하나님은 아브라함이 99세가 되던 해에 다시 나타나(언약을 믿지 않은 아브라함에게 실망한 탓에 그간 나타나지 않은 것 같다) 사라가 아들 이삭을 낳을 거라며 언약을 재차 주지시키지만 그는 마음속으로 '100세와 90세 된 내외가 어찌 자식을 낳겠느냐'며 미덥지 않다는 반응을 보인다. 결국에는, 짐작하다시피, 하나님의 축복으로 이삭이 탄생하고 조물주의 언약처럼 하늘의 뭇별과 바다의 모래처럼 아브라함의 후손이 많아진다는 이야기다.

아브라함의 아들 이삭에게서 유대교와 기독교가 태동한 뒤, 약 600여 년이 지나 이스마엘의 후손인 모하메드에게서 이슬람교가 탄생했다. 따라서 기독교와 무슬림은 이복 형제지간인 셈인데, 그럼에도 두 종교가 서로 못 잡아먹어 안달인 까닭은 무엇일까?

엘리자 그리즈월드 기자가 『위도 10도』에서 이를 생생히 분석했다. 본서는 저자가 아프리카와 아시아를 두루 다니며 '발'로 쓴 역작으로, 양대 종교가 분쟁과 순교, 착취, 비리, 테러 및 내분으로 얼룩진 경위를 역사와 문화, 인구통계 및 지정학으로 풀어냈다. 가급적 객관적으로 집필했으나 무신론자라면 각 지역에서 벌어지는 분쟁의 인과관계와 실태에, 종교인이라면 기독교와 이슬람의 수난사에 집중하는 '편식증'이 도질 수도 있겠다.

사실, 저자는 프랭크 그리즈월드 주교(성공회)의 딸이지만 무슬림 은커녕 기독교도 잘 모른다. 부모의 독실한 신앙을 물려받지 않은 것이 어찌 보면 신기하지만 이성으로는 이해할 수 없는, 신의 영역을 두고 "모르쇠가 제일"이라고 치부하기에는 속이 편치 않다는 심정이 책 전반에 묻어난다. 기도는 무엇이며, 믿음이 무엇이기에 목숨도 아끼지 않는지 알고 싶어 몸부림치지만 영적spiritual으로는 이를 수긍할 길이 없으니 물리적인physical 수단(다리품)을 총동원해서라도 분쟁 현장에서 그 실마리를 찾으려 한 것이다. 결국 저자는—정치적인 권력과 생존을 위한 방편이 아니라면—쿠란과 성경이 규정한 정체성의 대립에서 갈등의 원인을 찾았다.

　필자는 글을 옮기면서—어렵겠지만—화해의 가능성을 점쳐보았다. 나이지리아의 제임스 우예 사제가, 자신의 팔을 베어 버린 무슬림 지도자(누라인 아샤파 이맘)를 포용하여 평화의 메신저가 되었듯이 사랑이 회복된다면 10/40 창도 낙원이 될 수 있으리라. 쿠란과 성경의 공통분모가 바로 '사랑'이기 때문이다.

—『위도 10도』

"남의 글을 내 글처럼"

글쓰기 인문학

프로파일러의 날카로운 시선

이예린: 쌀가게 박 씨 아저씨가 어제 어린애한테 손찌검을 했대.

인성은: 뭐? 얼굴도 잘 생기고 자상한 그 아저씨 말하는 거야? 난 용돈도
　　　　　받은 적이 있는데 ……, 혹시 잘못 들은 거 아냐?

이예린: 아니야, 어제 경찰에 잡혀갔다고 엄마가 그랬어.

인성은: (미덥지가 않다는 표정으로) 정말 그럴 리가 없는데 …….

이예린: 사실이라니까. 세상에 믿을 사람 아무도 없다더니.

　얼마 전 탤런트 장씨는 방송에 출연하여 "학창시절 지적인 외모 탓에 무전취식으로 경찰서에 끌려가도 정치범으로 오해를 받았다"고 회고했다. 평범치 않은 용모 때문에 불이익을 당한 사람이 어디 장 씨뿐이랴. 역으로. 얼굴이 예쁘면 몹쓸 성깔도 대수롭지 않은 듯 가려지는 경우가 비일비재하니 결혼을 후회하는 남성도 적지 않을 것 같다.

　그렇다면 왜 우리는 외모에 대한 편견을 갖고 있는 걸까? 원인이야 다양하겠지만 굳이 꼽자면 매스미디어가 주범이 아닐까 싶다. 예컨대, <나이트메어Nightmare>와 <13일의 금요일13th Friday>, <할로윈Halloween> 및 <데드캠프Wrong Turn> 등, 동서고금을 막론하고 사람을 죽이는 연쇄살인마(사람이 아니더라도)의 외모는 대개 반반하지가 않다. 어찌 보면 사회가 그런 선입견을 조장하여 '얼짱'이 괴물로 전락한 것은 아닌가 하는 생각도 든다.

하지만 그 같은 편견 탓에 부작용도 속출하고 있다. 탤런트 장씨의 예는 그나마 웃고 넘길 수 있지만, 외모나 성격을 역이용할 때는 참담한 결과로 이어질 수 있다는 것이다. 예컨대, 2001년 48명을 살인한 혐의로 종신형을 선고받은 '게리 리언 리지웨이(일명 그린 리버 킬러)'는 검거 전까지 20년간 결혼생활이나 직장 일에 아무런 문제가 없는 데다 얼굴도 평범한지라 이웃도 그를 의심하지 않았다고 한다.

메리 앨런은 "사이코패스 살인마에게 이웃은 먹잇감이지만 그네들은 살인범을 평범한 이웃으로 생각한다"고 밝힌 바 있다(2005년 국제 심포지엄이 열린 서울 프레스센터에서). 특히 사이코패스 연쇄살인범은 능숙한 연기력으로 수상쩍은 점을 발견하기 어려운 데다, 직업과 학력, 종교, 가정 등 외관상 딱히 공통점이 없어 사전에 그를 찾아내기란 '하늘에 별 따기'라고 그녀는 강조한다. 따라서 개인의 신변과 재산을 보호하려면 우선 선입견을 벗고 냉철한 이성을 되찾는 것이 무엇보다 중요할 것이다.

성경에 "너희는 외모만 본다(고린도후서 10:7)"고 지적한 사도 바울Paul의 가르침이 왠지 예사롭지 않게 느껴진다.

—『첫인상은 항상 배신한다』

"남의 글을 내 글처럼"

키플링이 들려주는 판타지·호러의 고전

나는 호러 마니아였다. 어머니께서 "넌 왜 징그러운 것만 보냐?" 라며 개탄하실 정도로 호러에 묻힌 채 십대를 보냈다. 판타지와 호러는 어느 정도 상통하는 면이 있지만 장르는 다르다. 그럼에도 제목에 호러와 판타지를 엮은 까닭은 필자가 옮긴 작품이 둘을 아우르기 때문이다.

최연소/영미 최초 노벨문학상 수상자라는 타이틀에 걸맞게 키플링은 장르의 경계를 과감히 허물어버린다. 예컨대, 그는 『정글북The Jungle Book』을 저술하여, 아이들의 꿈과 모험심을 키워주고, 『표범의 얼룩무늬는 어떻게 생겨났을까?Just So Stories』에서는 위트와 해학으로 호기심 대마왕의 궁금증을 풀어주는 입담 좋고 푸근한 할아버지였다.

그러던 키플링이 '유령'과 '윤회,' '초자연,' '환영'이라는 묵직한 주제로 판타지·호러 소설을 수십 편이나 썼으리라 예상한 독자는 거의 없을 듯싶다(시는 줄잡아 450여 편이나 된다). 혹시 널리 출간된 『정글북』이나 『킴Kim』에 가려져 장르를 넘나드는 창작의 진가가 묻혀버린 것은 아닐까? 인터넷에 소개된 미스터리 단편은 대략 50편 남짓 되는데, 국내에 번역·출판된 작품은 고작해야 열 편이 채 되지 않는다는 사실에 놀랐다.

물론 미스터리든, 호러나 판타지든, 장르가 뚜렷이 구분된 것은 아닌지라 스티븐 존스Stephen Jones가 집대성한 책을 참고하기로 했다. 그가 편집한 『키플링의 판타지 · 호러 이야기Rudyard Kipling's Tales of Horror & Fantasy(2008)』는 단편 가운데 판타지와 호러 50편을 친절하게 엮어놓았다.

필자가 꼽은 작품은 키플링이 1882년부터 약 7년간 인도에서 저널리스트로 활동하던 때 쓴 것으로 잡지에 수록된 단편들이다. 기고 년도와 잡지명은 아래와 같다.

『예언』—『민군신문Civil and military Gazette(1887년 6월 10일자)』

『릭쇼 유령』—『콰르텟Quartette(1885년 12월호)』

『덩컨 패러니스의 꿈』—『민군신문(1884년 12월 25일자)』

『유대인 방랑자』—『민군신문(1889년 4월 4일자)』

『걸작』—『최신리뷰The Contemporary Review(1891년 7월호)』

『실화』—『주간뉴스The Week's News(1888년 2월 25일자)』

『잔혹한 밤의 도시』—『민군신문(1885년 9월 10일자)』

『영국에 사는 인도 유령』—『파이오니아Pioneer(1885년 12월 10일자)』

『헌티드 서발턴』—『민군신문(1887년 5월 27일자)』

『버블링 웰 로드』—『민군신문(1888년 1월 18일자)』

책에는 몇 장이면 결말이 훤히 드러나는 '초' 단편도 있고, 수필의 성격을 띤 작품도 실었다. 이를테면, 『잔혹한 밤의 도시』는 사건이나 배경이 정체된 듯싶기도 하고, 소설 같아 보이지도 않는다.

"남의 글을 내 글처럼"

실은 소설이라기보다는 산문시prose-poem라야 옳을 것이다. 밤의 열기에 취해 잠든 주민을 시신에 빗댄 작품으로 현지 분위기가 고스란히 담겨있다. 여담이지만, 뉘앙스 전달의 한계에 부딪친 옮긴이의 가책도 아울러 음미해보라.

대개는 초단편인지라 사건 전개가 빠르고 몇 분이면 결말을 알 수 있어 은근한 미스터리의 진면목을 기대하는 건 과욕이 아닐까 싶다. 기묘한 반전을 기대했다가 김이 빠지는 작품도 있을지 모르겠다. 하지만 키플링식 여운과 독창성에는 깊이 젖어들 수 있을 것이다.

끝으로, 곱씹어볼만한 감상 포인트를 몇 가지 일러둔다.

키플링은 유령의 존재를 믿었는가?
키플링은 윤회를 믿었는가?
자연을 거스르는 자의 최후는 무엇인가?
덩컨 패러니스에게 쥐여 준 빵조각의 의미는 무엇인가?

—『검은 예언』

배우는 사람이 현명한 리더

　탈무드(피르케이 아보트)는 모든 사람(혹은 사물)에게서 배울 자세가 된 사람이 가장 현명하다고 가르친다. 그래서 어느 랍비는 도둑과 아기에게서도 배울 점이 있다고 강조했다. 이를테면, 도둑이 밤에만 활동하듯 선행은 누구에게도 자랑해서는 안 되고, 강도가 자신의 성공을 이야기하지 않듯 늘 겸손히 살라는 것이다. 아기에게도 배울 점이 있다고 한다. 알다시피, 아기는 기본적인 욕구만 충족시켜주면 마냥 행복해 한다. 분수를 모르는 이기심과 욕심을 버리라는 이야기다.

　이처럼 남에게서 무언가를 배울 수 있는 현명한 사람이라면 『1% 리더의 습관』이 제시하는 바람직한 리더가 될 수 있지 않을까 싶다. 우리가 스승으로 삼아봄직한 리더의 사례가 풍부하게 소개되어있기 때문이다.

　사람은 누구나 리더가 된다. 자신을 대표하고 자신의 마음도 추슬러야 하니 당신의 리더는 바로 당신 자신이 될 것이다. 그 외에도 혼인식을 올리면 가정의 리더가 되고, 자녀가 생기면 아이의 리더가 된다. 회사에서는 과장이든 부장이든 승진하면 업무도 중요하지만 리더로서 직원의 고충도 원활히 해결하고 본보기가 되는 연습도 게을리 하지 말아야 할 것이다.

"남의 글을 내 글처럼"

우리나라에서 리더는 끝에 '장長'을 붙인다. 본디 '길다' 외에도 '어른'이라는 뜻이 있어 그룹을 통솔하는 역할을 감당하는 것이 '장'의 본분이다. 이를테면, 동네 이장이나 면장은 '리'나 '면'의 대표이고, 하다못해 줄반장에게도 그에 걸맞은 역할이 있게 마련이다. 그런데 문제는 이장이든 면장이든 줄반장이든, 보스가 아닌 리더로 제 소임을 다하고 있느냐가 관건이라는 것이다. 감투를 쓰고 있다고 해서 다 '리더'는 아니라는 말이다. 『1% 리더의 습관』의 저자 리치 아이흐는 리더와 보스의 차이를 구분하여 보스의 기질은 버리고 자타가 공인하는 '리더'로 거듭날 수 있는 노하우를 제시한다(물론 실제로 보스에 부정적인 뉘앙스가 있는 것은 아니다).

노하우라면 리더십 8계명(1. 원대한 포부를 꿈꾼다 | 2. 실적과 사기를 진작시킨다 | 3. 분명하고 솔직하다 | 4. 열정이 남다르다 | 5. 부하직원을 아낀다 | 6. 물러서야 할 때를 안다 | 7. 인격과 성실성을 겸비한다 | 8. 다가가기가 어렵지 않다)을 일컫는데, 글을 옮기면서 크게 공감했던 점은 '후임 리더를 양성해야 한다는' 과제였다.

"문제는 '리더십 멘토링'에 도통 관심이 없는 기업이다. 장래의 리더를 배출해낼 '파이프라인'을 건설하면 경쟁우위를 얻는다는 사실을 의식하지 못하기 때문이다(188p)."

리더의 양성은 비단 경영인이나 기업만의 문제는 아니다. 정치나 교육계, 혹은 종교계 또한 대책 마련이 시급한 때가 아닌가 싶다. 진심으로 제자를 사랑하는 스승이 있는가? 교육계뿐 아니라, 정치계나 종교계 또한 사리사욕과 집단 이기주의 및 당리당략에 눈이 먼 자들이 얼마나 많은가! 보스 기질을 버리지 못한 전임자의 몹쓸 관행을 답습하고 있지는 않은지 이 책을 거울삼아 자문해보자. 탈무드의 가르침처럼 선배 리더에게서 배울 자세가 된 독자라면 그 역시 현명한 리더가 되리라 자부한다.

—『1% 리더의 습관』

"남의 글을 내 글처럼"

직장과 가정의 엑설런스는 안녕한가?

도실장: 파업사태는 이제 누가 나서도 막을 수 없는 상황입니다. 한번 불이 붙은 이상 절대 꺼질 일은 없을 겁니다.

강회장: 다음은?

김이사: 현성유통의 부도인데요 ……

강회장: 괜찮겠지?

장이사: 이 상황에서 부도를 낸다면 현성유통을 둘러싼 모든 의구심은 제거될 것 같습니다. 계열사 지분 주식 역시 대부분 빼낸 상황이고, 손실분은 회사채 발행으로 이미 다 채워 넣었습니다.

강회장: 손해 보는 장사는 아니라 이거지? 확실히 내가 장남 하나는 잘 얻었어. 그치?

얼마 전 방송이 종료된 「빅맨」의 대본을 몇 줄 인용해봤다. 강회장은 고아로 자란 김지혁의 심장을 아들 동석에게 주려다가 실패한 것이 도화선이 되어 어쩔 수 없이 동석의 회사를 지혁에게 넘기고 만다. 그리고는 지혁의 회사(현성유통)를—우연을 가장하며—부도로 몰아가지만 번번이 실패한다는 것이 드라마 전반의 줄거리다.

이때 드라마는 현성유통의 임직원과 현성에너지(모기업)의 중역들이 팽팽한 줄다리기를 벌인다는 점에서 『누가 엑설런스를 납치했나?』와도 일맥상통한다.

지혁은 친동생으로 생각하는 동석에게 회사를 키워줄 요량으로 파업사태를 해결하고 중저가 해외 쇼핑몰을 입점하는 등, 회사의 실적을 늘려나가는 반면 현성에너지의 회장은 지혁을 몰아내고 아들의 위신을 지키기 위해 현성유통의 '적'을 자처한다는 것이다. 강회장 측은 노조의 분열을 조장하기 위해 스파이를 심어두기도 했다.

어찌 보면 김지혁과 강회장은 각각 엑설런스(최고의 성과를 지향하는 팀)와 애버리지 팀('중간'에 만족하는 팀)을 대표하는 인물로 볼 수도 있겠다. 지혁을 지지하는 팀장과 직원은 패션(열정)과 컴퍼턴시(역량), 플렉서빌러티(융통성), 커뮤니케이션(소통) 및 오너십(책임의식)이고, 상대는 굳이 대응시키자면 N. 디퍼런트와 N. 엡트, 미스 커뮤니케이션(노조 스파이), N. 플렉서빌러티, 포저일 것이다.

여기서 성과의 걸림돌이 되는 다섯 가지 자질(?) 중 디퍼런트와 엡트 및 플렉서빌러티 앞에 붙은 N은 'Not'보다는 IN의 I 대신 N을 부각시킨 것으로 봐야 한다. 인디퍼런트indifferent는 '무관심하다,' 인엡트inept는 '서툴다,' 인플렉서빌러티inflexibility는 '고집불통'으로 옮길 수 있다.

짐작했겠지만, 소설과도 같은 납치사건은 실종된 엑설런스가 복귀하면서 일단락되고, 엑설런스는 다섯 가지 자질이 골고루 갖춰져야 기업이 제대로 돌아갈 수 있다는 사실을 강조한다. 엑설런스의 말마따나, 유능한 데다 의욕도 충천하고 책임의식도 투철한 직원이라면 금상첨화겠지만 그가 타인의 아이디어나 의견에는 귀를 기울이지 않는다면 어떨까? 저 딴에는 유능하고 열정적이라며 자칭 '유

"남의 글을 내 글처럼"

력한' 팀원을 확신할 것이나 커뮤니케이션이 부족한 탓에 팀과 그는 동상이몽을 꿀 수밖에 없을 것이다. 애버리지의 법칙대로 웬만한 '중간'에 그치고 말 테니까.

반면 커뮤니케이션도 원활하고 열정도 남다른 데다 융통성도 발휘할 줄 안다손 쳐도 매번 마감일을 준수하지 못한다거나 실수가 잦다면 그 역시 엑설런스의 기준에는 부합하지 않을 것이다.

애버리지 팀원이 엑설런스의 팀원과 나누는 대화에서 독자는 성과를 중간 이하로 떨어뜨리는 걸림돌이 무엇이며 애버리지가 반기는 행태와 관행이 무엇인지도 엿볼 수 있을 것이다. 지피지기면 백전백승이라 했다. 적의 말에 귀를 기울이자. 오늘 애버리지가 당신을 찾아갈 수도 있으니 경계심을 늦춰선 안 될 것이다. 아니, 이미 그들의 계략에 말려들었는지도 모르겠다. 여러분의 엑설런스는 안녕한가?

— 『누가 엑설런스를 납치했나?』

C JAM CAUSES CHAO...

ARE L...

stuck for hours earlier today as police tried to cl... that had initialy caused the crash that saw tw... had so far been treated for minor injuries... to the nearby hospital in Ch... ways. By 3.00pm the ro...

scientists have confirmed that the material for... too early to tell. Funding will likely need to come... another source said, "This is the first of many locatio... not without its risks... considering it's importa... ut have decided to r... unlike the first and se...

Is meet? Call us now on... and it doesn't have t... and... ing forever. "Alon... edey will be at... ...d there is loads still to... ...rdop... tar... ...c... thet won t be long... own s ot in this lifetime... ...g th how on earth does... ...ow cttle things matter... ntry rashing down aro... ...con far away from the... ...qui trouble with crops... nded ot intending to b... rt clearly as much as... two previous attempts... failed badly when... over the edge of th... taken from all quart... been January through to... s. Th ot on a thursday... continue with the... would not usually... because of the wa... ...amily... ...ting...

were makes a comeba... f black and red strip left o... were optional. Only four t... ther or not to go. The final d... le up. It doesn't mean anything...

GET READY FOR SUMMER make the most with these handy tips...

...the best TAKEOV...

Summer is just round the corner and now's the... Hanging baskets are an easy addition t... Watering regularly is essenti... encourage new stems t...

C JAM CAUSES CHAO...

EATING Guide to the best ...EMPTED TAKEOV

"남의 글을 내 글처럼"

Tran

tion

2부 이름도, 빛도 없이

"남의 글을 내 글처럼"

글옮긴 인문학

9. 탄생Birthday

『팀장님, 회의 진행이 예술이네요』
글렌 파커, 로버트 호프먼 공저 | 유지훈 옮김

밤새 잠이 안 온다. 깨알같이 박힌 이름 석 자가 뭐 그리 대단하다
고 ……. 눈에 보일 듯 말 듯 하여 눈에 힘을 주지 않으면 잘 뵈지도
않는데 말이다. 바로 옆에 붙어있는 저자는 안중에도 없었다. 번역
가라면 처녀작 소식과 함께 증정본을 받았을 때가 가장 기억에 남을
것이다. 그땐 가슴이 설레 잠을 이룰 수 없었다. 겉표지에 박힌 이름
을 연신 바라보는가하면 자세히 읽지는 않았지만 책장을 대충 넘기
며 편집은 어떻게 했는지 작품을 '감상하느라' 정신이 없었다.

소싯적 독서의 중요성을 늘 피력하시던 어머니도—하지만 나는 좀이
쑤셔 책에 정을 붙일 수가 없었다!—반가운 표정으로 아들 책을 차근차근
읽어가셨다. 사실, 노안으로 책을 즐겨 읽으실 수는 없었지만 그래
도 첫 작품이니만큼 가끔 읽으시던 『명심보감』은 제쳐두고라도 당
신의 관심사와는 거리가 먼 '경영서적'을 꼼꼼히 살피셨다. 인터넷
에 뜬 이름만으로도 기분은 이미 천국에 와있었다.

책뿐만 아니라 인터넷도 후끈 달아오른다. 출간 후 보름 정도가 지
나면 서평도 하나 둘씩 올라오고 별점도 몇 개씩 박힌다. 이런 저런
행복한 고민으로 시간 가는 줄을 모르니 역시 난 '초짜'였나 보다.

베테랑이었다면 "그깟 일로 호들갑은……"이라며 핀잔을 주었을 것이다. 물론 순위에도 관심이 갔다. 어느 인터넷 서점은 인문 분야에서 100위 안에만 진입해도 '베스트셀러'라는 '훈장'을 수여한다. 하지만 힘겨운 고통의 시간이 없었던들 신간으로 그토록 호들갑을 떨진 않았을 것이다. 지금도 번역서가 출간되면 반갑긴 하지만 그때처럼 잠을 못 이룰 정도는 아니다.

이름도 없이 빛도 없이

번역가도 글을 쓰지만 작가에 비해 인기는 훨씬 낮은 편이다. 세인의 뇌리 속에 번역가보다는 작가 이름이 더 많이 자리 잡는다는 점이 그 방증이다. 번역서를 보더라도 원저자의 이름은 잘 아는 편이지만 역자 이름은 거의 모른다. 이는 독자가 작품에 심취하면 마치 '작가의 글을 읽는다.'라는 착각에 빠지기 때문일 것이다.

유명한 번역가 이름을 몇이나 알고 있는가? 어느 기사에 따르면, 베스트셀러 중 3분의 1은 번역서라고 한다. 이제 독자는 번역서를 외면하기가 어렵게 됐고 번역가의 글과 인연을 끊을 수 없게 됐다. 지인들에게 가끔씩 『긍정의 힘』이나 『시크릿』 혹은 『목적이 이끄는 삶』을 누가 번역했는지 아냐고 물으면 전부들 고개를 가로젓는다.

어떤 책은 200만 권이 넘게 팔렸다지만 정작 글을 옮긴이가 누구인지에는 관심이 없다니 좀 신기하긴 하다. 언론에서조차 소개하지 않았다면 정말이지 번역가 주변 인물 외에는 그를 알아볼 사람이 없

"남의 글을 내 글처럼"

었으리라. 그러나 작가도 그렇겠지만 번역가 역시 이름이 중요하다. 역자의 '명성'은 생계와도 직결되기 때문이다.

번역서의 비화

"엥?"
"어, 내 이름이 빠졌네."
"약력이 좀 이상하네?"
"이미 나왔던 책이군!"

탈고 후 책이 어떻게 달라질지 예측하기란 불가능하다. 그래서인지—독자는 모르겠지만—내가 옮긴 책을 받아보면 가끔 놀랄 때가 있다. 이를테면, 추천사(역자는 대개 제목부터 겉표지, 심지어는 색인과 뒤표지까지, 저작권 페이지를 제외한 부분을 모두 번역한다)가 다수 빠진 책이 더러 있는가 하면 내 이름이 누락된 책도 있었다(출판사의 실수로 빠뜨렸다는 사정을 관계자에게 들었다). 게다가 『좋은 사람 콤플렉스』와 『당신 안의 아인슈타인을 깨워라!』의 역자 소개 글을 보면 뜬금없이 '히브리어 감수' 이야기가 실렸는데 맞긴 하지만 자기계발서와는 아무 관계가 없는 탓에 기분이 좀 묘했다.

차례도 원래 번역과 다를 수 있다. 예컨대, 『글로벌 트렌드 2025』의 차례는 내가 번역한 것과 거의 달랐다. 좀더 와 닿고 본문에 가까운 제목을 편집자가 지어내서 그럴 것이다. 그런데 기출간본을 다시 번역하는 경우도 있다는 사실은 번역가가 된 지 2년쯤 돼서 알았다.

이를 안다면 원래 역자는 자존심이 많이 상할지도 모른다. 이미 나온 책을 다시 번역해서 출간한다?

선뜻 이해하기는 어려울지 모르나, 이유야 어떻든 지금까지 나는 두 권의 기출간본을 재번역했다. '리메이크'로 생각하면 이해하기 쉬울 것이다. 번역회사가 기출간본을 복사해 주기도 하지만 그러지 않아서 기출간본인 줄 모르고 번역한 책도 있었다. 『마음으로 이끌어라』와 『좋은 사람 콤플렉스』가 좋은 사례다. 글 쓰는 색깔이 역자마다 다르므로 두 역자의 글을 비교하면서 읽으면 번역서를 읽는 또 다른 묘미가 생길 것이다.

『마음으로 이끌어라』는 2000년 7월 황○○씨가 번역한 작품인데 2008년 3월에 다시 번역돼서 출간됐다. 물론 제목은 달라지지 않았다. 한편, 『좋은 사람 콤플렉스』는 출간 이력이 좀 특이했다. 창작시대 출판사가 1997년 10월 말에 출간했을 때는 제목이 『선한 사람이 실패하는 9가지 이유』였으나 그로부터 6년 후에는 『착한 사람이 실패하는 9가지 이유』로 살짝 바뀐 것이다. 역자가 정○○씨로 동일한 것으로 보아 번역문은 크게 다르지 않았을 것으로 보인다. 그런데 또 6년이 지난 2009년에는 『좋은 사람 콤플렉스』로 둔갑해버렸다. 게다가 출판사(원앤원북스)와 역자도 달라졌다. 6년을 주기로 개정 · 재번역판이 나왔으니 신기할 따름이다. 앞으로 6년 후엔 또 어떻게 바뀔까?

그리고 편집자도 실수할 때가 있었다. 『걸어서 길이 되는 곳, 산티아고』에서 오타가 발견돼 내심 자책하며 원본 파일을 들춰보았으나

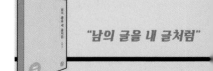

"남의 글을 내 글처럼"

역문에는 아무 문제가 없었다.

> **번역문:** 땅과 하늘이 서로 연결되어 있다는 확신이 든 것은 이번이 처음이었다.
> **번역서:** 전에는 땅과 하늘이 서로 연결되어 있다는 한 번도 해본 적이 없었다(?).

이때 필자는 디자이너나 편집부 직원도 실수를 한다는 '진리'를 발견했다.

자기계발서

"로고에 화살표가 보이니?"
"아니오."
"대문자 'E'와 소문자 'x' 사이를 봐라."
"오, 보인다!"

처녀작은 경영서적이었으나 그 후로는 주로 자기계발서를 번역했다. 그런 장르는 애당초 읽어본 일이 없었기에 얼마 후에야 감이 왔다.

'자기계발서가 이런 거구나.'

　자기계발서에는 경계가 딱히 없는 듯싶다. '처세' 만이 자기계발
인줄 알았는데 요즘 들어 경영과 심리관련 서적이 자기계발서로 비
쳐지는가 하면 인문과 스포츠까지 아우르니 그 범위는 실로 무궁무
진하다. 알다시피 자기계발의 핵심은 '생각과 행동을 바꾸면 인생이
달라진다.' 는 것이다. 따라서 그런 종류의 책이 우후죽순으로 늘고
있음에도 자기계발이 안 되는 까닭은 행동이 생각을 따라가지 못하
기 때문일 것이다.

　저자가 간혹 뜬 구름 잡는 이야기를 해서 답답할 때도 있었다. 독
자가 "구체적으로 어떻게 하라는 건지 알 수가 없으니 계발은커녕
이해하기도 어렵다."고 푸념을 늘어놓는다면 번역가는 그 책을 옮겨
야 할지 말아야 할지 엄청 고민했을 것이다.

　예컨대, 어느 저자는 '긍정적인 이미지를 그리면 그대로 된다면서
책을 출간할 수 있다는 믿음을 가졌더니 결국에는 실현되었다.' 고
주장한다. 하지만 상식적으로 설득력은 매우 약할 수밖에 없다. 믿
음대로 책은 출간됐지만 졸작일 가능성이 크기 때문이다. '다독' 과
'다작' 및 '다상량' 의 과정을 거치지 않은 채 무턱대고 글을 썼으니
양서가 나올 리 없지 않은가. 책이야 원고와 돈만 있으면 제 지갑을
털어서라도 펴낼 수 있는 것이다.

　게다가 식상하다는 점도 문제로 꼽을 수 있다. 이는 나뿐 아니라
수많은 독자들이 공감하는 이야기일 것이다. 서평을 읽어보라. 출판

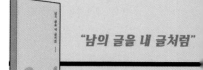
"남의 글을 내 글처럼"

사는 독자의 마음을 헤아리려고 책을 공짜로 쥐가며 서평 이벤트를 벌인다. 그럼에도 식상하다는 독자의 아우성은 뒤로한 채 '그 나물에 그 밥'인 자기계발서는 여전히 속출하고 있다. 페덱스Fedex의 로고에서 보이지 않는 화살표를 발견하듯 일상에 숨겨진 진리를 찾아낼 수 있는 자기계발서가 출판시장을 장악할 것이다.

보기 좋은 떡이 먹기도 좋다?

"너희는 외모만 보는도다 (고린도 후서 10:7)."

독자는 그러지 않겠지만 나는 겉표지에 관심이 많다. 원서와 번역서가 거의 다르기 때문이다. 원서는 표지 디자인이 너무 단순해서 가끔은 이런 생각도 든다.

'껍데기보다는 내용으로 승부할 작정인가?'

물론 『걸어서 길이 되는 곳, 산티아고』는 표지가 풍기는 분위기가 아주 마음에 들어 출판사에 원서 표지를 그대로 써달라고 당부했다 (그러나 의견이 반영되진 않았다). 책을 다 읽어보고 사는 사람은 없다. 특히 인터넷 구매가 늘면서 책 표지와 제목은 독자의 마음을 잡는 데 '효자' 노릇을 톡톡히 하고 있다. 빙산의 일각이긴 하지만 다음 표지 사진을 보면서 원서와 번역서의 '옷'이 어떻게 달라지는지 만끽하라.

"남의 글을 내 글처럼"

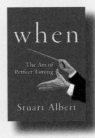 

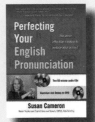 

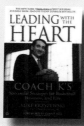 

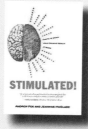 

"남의 글을 내 글처럼"

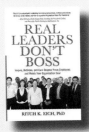

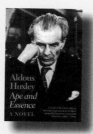

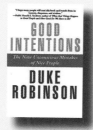

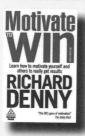

"남의 글을 내 글처럼

10. 푸대접Insult & Prejudice

"게으르다."
"번역 일이 매번 있는 게 아니라서 믿을 수가 없다."
"무능한 사람으로 보인다."

번역가가 집에서 한가하게 낮잠이나 자고 놀기 좋아하는 한량처럼 비쳐질 때가 있다. 출퇴근 시간이 정해진 것도 아니고 대부분 '칩거형'이라 그렇다. 때문에 원서가 너무 어렵다거나 마감일을 지키기가 벅차지만 않으면 스트레스는 거의 받지 않는다. 사람과 싸울 일도 없고 상부에 괴롭힘을 당할 일도 없다. 그래서 참 좋은 직업이긴 한데 주변 사람들은 '번역'과 '재택근무'를 두고 시선이 곱지가 않다. 아예 직업으로 생각하지 않는 지인도 숱하게 봤다.

"삼촌은 어디서 일해?"
"…… 집에서 하지."
(옆에서 밥을 먹던 아이가 "핏!" 하고 웃는다)

가슴 설레는 냉엄한 현실

처녀작이 나온 이후, 책을 번역하고는 싶은데 마땅히 방법을 모른다는 사람들이 의외로 많았다. 첫 번역서가 나온 과정을 간략히 말하자면, 번역회사에 등록해서 샘플을 번역해 보냈더니 역자로 선정이 됐다는 소식과 함께 원서 복사본을 받았고(계약서도 이때 썼다) 탈고한 후 약 2개월 뒤에 턱하니 책이 나왔다. 전혀 어렵지가 않았다. 특별히 시험을 치르거나 토익 점수가 필요하다거나 돈이 든 것도 아니었다. 이렇게 쉬운데 왜들 모른다고 난리인지 당최 이해하지 못했다. 물론 내가 그나마 운이 좋았다는 사실은 뒤늦게 알게 되었다. 번역회사에 원고를 보냈지만 '대역(대리번역)'인 탓에 역자 이름이 나오지 않는다거나 유령회사나 사기꾼에게 속아 책은 고사하고 번역료도 받지 못한 사례가 의외로 많았기 때문이다. 피해는 지금도 속출하고 있다.

첫 번역서 셋을 끝내고 난 이후, 마침내 보람 이면에 감춰진 냉랭한 현실이 보이기 시작했다. 책에 새겨진 이름 석 자도 좋지만 생계가 불안하다는 것이 문제였다. 책 번역 수입만 보면 평균적으로 월 100만원을 밑돌지 않았나 싶다. 번역료를 제때 받지 못해 형편이 어려울 때도 비일비재했다. 월세 단칸방을—혼자 생활하기에 좁지는 않다—작업실 겸 주거지로 삼은 적도 있고, "미래가 불투명하다"는 이유로 연애까지 '불투명해진' 적도 있었다. 그제야 이 모든 현실이 번역·출판계의 구조적인 문제라는 점을 절감하게 되었다.

다른 번역회사를 알아보는 중 샘플을 번역해서 보내면 심사를 거쳐 번역 일을 알선해주겠다는 업체가 몇몇 있었다. 하지만 샘플이 통과되었음에도 딱 한 번 일을 맡기고는 연락이 끊긴 회사가 있는가 하면, 선뜻 일을 맡길 수 없다는 곳도 있었다.

"남의 글을 내 글처럼"

"샘플 번역 잘 받았습니다. 국제정치와 소설 부문은 흠잡을 데가 없이 잘해주셨습니다만, 경영에서 오역이 좀 보이네요. 저희가 당분간은 역자님의 신용을 믿을 수가 없어서 그러니 저희 번역 강의를 들으시면서 실력을 좀더 쌓으시면 안정적으로 일을 맡길 수 있을 듯싶습니다."

결국은 강의를 들으라는 이야기인데 변명이 좀 궁색하게 들렸다. '신용'과 '실력'은 별개의 문제가 아닌가? 그간 겪어온 번역계의 현실은 대개 이랬다.

- 번역회사의 도움 없이는 번역하기가 매우 힘들다
- 번역회사는 영리가 목적인 데다 자금을 확보해야 하는 탓에 번역료를 높게 지급하지 않는다
- 번역회사에 등록해도 일을 할 수 있다는 보장이 없다
- 번역을 끝내는 즉시 번역료를 받지 못할 수도 있다(3개월 후에 번역료를 절반만 지급하는 회사도 있다)
- 유령 번역회사(혹은 개인)에 사기를 당하는 경우도 적지 않다
- 출간이 지연돼도 번역료를 받지 못할 수 있다

지금까지 번역한 책이 약 60권 정도 된다. 주로 자기계발서와 기독교 서적을 옮겼는데 출간이 안 되었다거나 책이 안 팔린다는 이유로 2년이 넘도록 번역료를 받지 못한 책이 약 5권정도 되고(약 1,500만원 상당) 번역회사가 자금이 돌지 않아 번역료를 4분의 1씩(약 35만)

4개월간 받은 적도 있었다. 심지어는 1인 시위를 벌여 8년 만에 번역료를 받은 경우도 있었다. 그 정도 했으면 '중견'이 아니냐고 묻는 사람이 있는데 어디 가서 그렇다고 자신 있게 밝히기에는 자신이 너무도 초라했다. 성공한 번역가의 기준을 두 가지로 나누자면 '의뢰 빈도'와 '번역료'가 아닐까싶다. 빈도는 아직 들쭉날쭉한 탓에 안정은 논할 '레벨'은 아니고 번역료 역시 턱없이 낮아서 한 달에 한 권을 꼬박꼬박 번역하지 않으면 생계가 어려울 지경이다. 60권을 번역했다는 나도 이 모양인데 초보 번역가는 오죽하겠는가?

약력을 보면 알겠지만, 자기계발을 비롯하여 스포츠와 종교, 기행, 미래학, 경영, 어학(성경 히브리어) 등 그간 번역한 장르가 매우 다양하다. 독자나 지인은 이 사실을 두고 박학다식해서 어떤 분야든 번역을 소화하지 않느냐는 의외의 반응을 보였다. 장르를 가릴 수 없는 번역가의 슬픈 현실을 보지 못해 그럴 것이다. 때문에 쓰디쓴 번역계의 현실은 간과한 채 번역을 충동질하는 책이 눈에 띌 때마다 기분이 씁쓸해진다. 푸대접은 여기서 그치지 않았다.

번역이 도자기인가?

요즘은 없어졌겠지 싶었는데 혹시나 해서 인터넷을 검색해보니 여러 관련기사가 눈에 들어왔다. 의외다 싶어 놀랐다. 아직도 '초벌 번역'을 운운하다니……. 90년대 번역계의 전유물로만 알았는데 인터넷 신문에 실려 좀 황당했다.

"남의 글을 내 글처럼"

초벌번역을 거치면 전체 공정 대비 약 40% 정도의 시간이 절약되고, 정확한 번역물의 초고가 되기 때문에 인력이 부족하고 많은 시간을 필요로 하는 번역 분야에는 꼭 필요한 시스템이다. '초벌번역'이란 대한○○원만의 특별한 번역 공정으로 번역본의 용도와 대상을 고려한 철저한 사전 초안작업을 말한다. 초벌번역을 거친 번역물은 전문번역가의 검수와 교정, 편집 등을 통해 최종 번역물로 완성되기 때문에 더욱 정확하고 완성도 높은 번역 결과물을 얻을 수 있다. 이러한 초벌번역의 장점 때문에 영상번역은 물론 상업, 문학 번역 업계에도 초벌번역의 바람이 불고 있으며 검증된 초벌번역가 양성을 위해서 힘쓰고 있다. 체계적인 교육 시스템을 통해 검증된 초벌번역가를 양성하고 있으며, 최근에는 초벌번역 시스템의 빠르고 정확한 번역을 바탕으로 대기업을 상대로 사업을 더욱 확대할 예정이다. ……

— 뉴시스 통신, 2010년 2월 2일

일반인은 모르겠지만 번역가라면 이해하기 어려운 기사다. 우선 '초벌'이란 '재벌'을 염두에 둔 말이므로 앞서 번역한 원고(초벌)를 '다시' 번역한다는 이야기가 옳은데, 재벌 번역은 검수나 교정 혹은 윤문작업을 일컫는 말이 아니다. 그렇다면 위의 기사를 재구성한 것과 일반적인 번역의 공정을 비교해보자.

· 초벌번역 ⇒ 재벌번역 ⇒ (감수) ⇒ 교정·윤문 및 편집 작업 ⇒ 최종 원고
· 번역 ⇒ (감수) ⇒ 교정·윤문 및 편집 작업 ⇒ 최종 원고

상식적으로 둘 중 어느 공정이 더 빠를까? 초벌·재벌 번역을 거치지 않고 차라리 전문 번역가가 단번에 완성도 높은 원고를 납품하면 교정이나 편집 작업도 시간이 훨씬 줄어들 것이다. 설령 감수를

거치더라도 최종 원고까지는 시간이 오래 걸리진 않을 텐데 굳이 초벌에 재벌번역까지 하는데도 시간이 단축된다니 이해가 가는가?

초벌번역가의 실력을 믿을 수 없다는 점도 석연치 않은 데다, 재번역을 해본 사람은 알겠지만—나는 지금껏 다섯 권의 기출간본을 재번역했지만 약간만 참고했다. 기출간본의 번역이 엉망이라서가 아니라 나오는 글 '색깔'이 전혀 맞지 않았기 때문이다—원고를 전부 뜯어고치지 않는 한 간단한 교정이나 윤문작업에 머무는 경우가 허다하다. 물론 일부 전문가들이야 글이 성에 차지 않으면 수정하지 않고는 잘 견디지 못하지만 말이다(성격이 '모난' 번역가가 대개 그럴 것 같다. 물론 내 생각이다). 초벌번역가의 실력이 탁월하지 않다면 전문가가 '수술'에 투입되는 시간은 적어도 초벌번역의 0.9배 이상은 잡아먹을 것이 분명하다. 또한 시간을 단축한답시고 단순한 교정으로 대충 마무리를 짓는다면 오역을 쉽사리 놓치는 탓에 책의 품질은 기대할 수 없다.

그뿐만이 아니다. 책이 출간될 때 역자 이름도 문젯거리가 된다. 초벌번역가는 수고는 했지만 재번가(재벌번역가)가 원고를 뜯어고쳤으니 초번가(초벌번역가)보다는 재번가의 이름이 등재돼야 옳다고—아무래도 독자의 호응을 얻으려면 전문가 초번가를 깔아뭉개야 할지도 모른다—생각하면 곤란하다. 그렇다고 재번가를 무시하고 초번가의 이름만 넣기도 좀 그렇다. 그럼 공역으로? 아니다. 엄밀히 말해 공역은 책을 절반씩 나누어 작업한 번역이니 그것도 역시 반칙이다. 그렇다면?

홍길동 초역
황길동 재역

"남의 글을 내 글처럼

이런 책은 여태 없었으니 당사는 다소 '켕길만한' 일을 저질렀으리라는 점을 암시적으로 드러낸 셈이다. 이래저래 초벌이니 재벌이니 하는 번역은 애당초 존재해서는 안 되며 '시간이 절약된다'느니 '정확성이나 완성도가 높다'는 등의 장점은 상식적으로 이해하기가 어렵다.

거짓말 권하는 사회

역자 이름이 나왔으니 하는 말인데, 대리번역 문제도 심각한 것은 마찬가지다. 몇 해 전, 어느 아나운서의 대리번역 사건이 터진 적이 있다. 일파만파 확산되는가 싶었지만 '주인공'이 방송에서 자취를 감춘 것으로 일단락 됐다. 대리번역은 이미 사회곳곳에서 기정사실화되어있으므로 이를 당연하게 생각하는 '작자'도 의외로 많이 있다. 그렇기에 사건이 확대되었다면 출판계를 비롯하여 대학 및 연구기관 할 것 없이 사건과 관계된 당사자들은 엄청난 진통을 겪었을 것이다.

대리번역은 어떤 이유로도 정당화될 수 없다. 대역(대리번역)은 번역가를 푸대접하겠다는 방증일 뿐이다. 이름 석 자는 번역의뢰 및 수입과 직결되기에 번역가에게 매우 중요하다. 어느 신문 기사에 따르면, 무명 번역가들은 생계를 어떻게 이어가야할지 막막해 하지만 '스타 번역가'는 일이 넘쳐서 '행복한 비명'을 지를 지경이라고 한다.

스타 번역가는 어떻게 탄생하는가? 베스트셀러에 박힌 이름 석 자가 그를 일약 스타로 만든 것이 아닌가? 뿐만 아니라 경력에 지장을 초래할 수 있다는 점에서도 '대리번역'은 사라져야 한다. 엉뚱한 사람 이름이 옮긴이 자리에 떡하니 버티고 있으면 실제 역자는 이력서에 번역 경력을 밝히기가 애매해진다. 진실이 공개되어 '위조 역자'의 명예를 훼손이라도 하면 어쩌나 하고 말이다. 제 명예는 깎여도 거짓말로 무명 번역가를 밟으려는 작자들은 명예가 깎이면 안 된다는 발상 자체에도 문제가 있지만, 어쨌든 출판사나 대학 관계자, 번역회사 및 대역에 연루된 모든 사람들에게 '생각 좀 하고 살라'고 당부하고 싶다.

편집장: (따르릉, 따르릉 …)

아나운서: 여보세요.

편집장: 여보세요, …… 안녕하세요. 저는 ○ 출판사의 고치미 편집장이라고 합니다.

아나운서: 아, 예, 그런데 무슨 일로…….

편집장: 저희가 이번에 『M이야기』라는 책을 출간할 예정인데 역자로 J님을 섭외코자 전화 드렸습니다. 뭐, 번역 걱정은 안 하셔도 됩니다. 이미 다 됐으니까요.

아나운서: 아, 예 …….

편집장: 계약서를 보시면 아시겠습니다만 인세는 5퍼센트로 책정했습니다.

그러고는 (가장 중요한 대목이다) 실제 번역가에게는 다음과 같은 계약 조항을 들이댔을 것이다.

"남의 글을 내 글처럼"

제○조 (번역 저작권에 대한 권리)
'상기 원서에 대한 번역 출판물은 번역자 이름이 명시되지 않는 것에 동의한다.'

번역을 하지 않았음에도 역자로 등재된다는데 이를 당연히 여긴다면 그는 양심에 하자가 있을 공산이 크다.

한술 더 떠 '역자 후기'까지 써준다면 그는 양심을 포기했다고 봐야 옳을 것이다. 나로서는 도저히 이해할 수가 없다. 역자 후기가 아니라 '독자 후기' 혹은 '전문가 후기'를 써야 옳지 않을까? 물론 방법은 있다. 양심을 지키고 싶다면 책에 사실을 밝히면 된다.

"출판사의 사정에 따라 역자의 이름이 정확하지 않을 수도 있습니다."

"이 책의 역자는 사실 ○○○인데 경력이 미비한 탓에 판매부수를 고려하여 전문가 □□□로 갈아치웠음을 알립니다."

"이 책은 실제 역자의 동의하에 ○○○가 번역한 것으로 조작했음을 알립니다."

"이 책의 역자는 ○○○이나 역자 후기는 □□□가 쓰셨습니다."

번역가의 권익이 보장돼야 번역이 살고 출판사와 독자도 원문에 가까운 책을 볼 수 있을 것이다. 번역가가 푸대접을 받는데 좋은 번역을 기대한다는 것은 좀 어폐가 있다. 그러면 번역가의 권익을 보장할 수 있는 방안에는 어떤 것이 있을까?

첫째, 사소한 관행부터 달라져야 한다.

"혹시『아름다운 열정』번역하신 분 아니신가요?"

"예? 글쎄요. 잘 모르겠네요."

"성함이 책에 있던데요?"

"아, 예……, 확인해보겠습니다."

자기가 쓴 책이 언제 나왔는지도 모른다면 기분이 어떨까? 주변 사람은 아는데 자기만 모른다면? 번역회사와 거래할 땐 책이 출간돼도 역자가 이를 모르는 경우가 많다. 물론 출판사와 번역가가 직접 연락할 수 없다는 번역회사와의 계약 조항 때문 일수도 있으나 출판사가 통보만 제대로 해줘도 쉽게 극복할 수 있는 문제일 듯싶다. 예컨대, 필자의 역서『아름다운 열정』은 출간 된 지 3개월이 지나서야 그 사실을 알았다. 다른 출판사 직원과 통화했을 때 들었는데 그분이 말해주지 않았다면 훨씬 뒤늦게 알았을 것이다! 신간이 출간되면 먼저 번역자에게 배송하라.

또한 번역 샘플은 실비를 지급해야 한다. 출판사는 그럴 일이 거의 없지만, 번역회사는 역자를 선정한다거나 실력을 평가하는 과정에서 샘플(A4용지 2장정도) 번역을 요구한다. 사실, A4 용지 한 장 번역하는 것도 시간이 꽤 걸리는데(약 2시간 이상) 그렇게 정성스레 번역을 했으면 소정의 실비는 지급해야 하지 않을까?

"남의 글을 내 글처럼

여타 업종도 면접비나 교통비를 지급한다는데 하물며 그보다 훨씬 시간을 많이 투자해야 하는 번역가들에게 무일푼으로 샘플을 맡긴다는 것은 이해할 수가 없다. 실비라고 해봤자 A4 두 장이면 기껏해야 4만원 안팎이니 얼마 들지도 않는다. 최소한의 비용으로도 번역가의 자부심을 높일 수 있으니 서로 '윈윈win-win' 할 수 있을 것이다.

그리고 역자의 책이 베스트셀러로 등극하면 소정의 사은품을 주라. 계약상 직접 건넬 수 없다면 번역회사 프로젝트 매니저(번역을 중개하는 직원을 일컫는다)를 통해 전달하면 될 것이다. 번역가의 사기 진작에 도움을 주라.

둘째, 출판사와 번역회사가 공조해야 한다.

번역가들의 약력을 훑어보다가 번역회사에서 활동한다는 글귀를 보면 한숨이 절로 나온다.

'삶이 힘들겠구만.'

번역회사는 출판사와 번역가의 직거래를 방지하려고 계약서에 관련 조항을 명시해둔다. 번역가가 출판사와 직거래를 하면 회사에서 지급하는 번역료의 2배 이상은 벌 수 있으므로 역자 입장에서는 좋은데 회사는 역자에게 수익이 돌아간 만큼 손해가 발생했다고 생각하는 것이다. 때문에 장기간 번역회사의 중계로 번역을 하면 그만큼 번역가는 운신의 폭이 점차 줄어들 수밖에 없고 '저렴한 번역료'의 늪에서 벗어나기가 어려워진다. 그럼에도 번역회사는 번역가의 처우 개선에 별로 신경을 쓰지 않는 듯싶다(회사 사정이 여의치 않아서 그럴지도 모르지만). 필자는 처음 A4용지 한 장당 10,000원에서 시작했으나(2006년 기준) 3년이 지난 후에는 겨우 5,000원 올랐다. 그러면 100장을 옮겨도 150만원이라는 이야기인데, 사실 한 달에 100장 번역하기가 쉬운 일은 아니다. 설령 그럴 수 있다고 해도 샘플 번역 기간과 수정 및 납품 기간을 모두 감안하면 석 달에 두 작품 정도 번역하는 셈이니 월 평균 100만원도 채 되지 않는다. 그러니 역자와 출판사의 직거래 방지 조항을 과감히 폐지하거나 인세제도를 도입한다면 번역가도 형편이 나아질 수 있을 것이다.

셋째, 번역 계약이 달라져야 한다.

"전기모터로 시동을 건 이후 일정한 속도가 붙을 때까지의 저속주행은 전기모터가 맡고 가속 시에는 엔진이 가동되고 전기모터가 보조동력으로 작동되어 가속도를 증가시키게 된다. 그리고 감속할 땐 자동차가 가던 힘으로 발전기를 돌려 차량의 운동에너지가 전기에너지로 전환, 배터리에 저장된다. 자동 충전되어 주행에 활용된다는 것인데 정차할 때는 엔진과 전기모터가 모두 정지되어 공회전으로 낭비되는 연료가 없어 연료 효율성이 매우 뛰어나다. 출발과 저속 주행에 전기모터만 가동되어 엔진소음이 없는 것도 매우 큰 장점이다."

—「its TV(산업용어)」중에서

"남의 글을 내 글처럼

하이브리드 자동차를 설명한 글이다. 얼마 전, 인터넷 번역 동호회에서 마련한 출판 번역 세미나에 참여한 적이 있다. 어느 정도 자리를 잡았다는 전업 번역가 두 분의 강연을 들었는데 내가 발견한 한가지 공통점은 그들이 출판사와 '인세' 계약을 했다는 점을 두고 대단한 자부심을 보였다는 것이다. 그러는 이유는 이해하기가 어려웠다.

인세란 책을 2, 3쇄 찍어낼 때마다 정가의 몇 퍼센트씩 역자에게 배당되는 비율을 두고 하는 말인데, 사실 출판사 번역료에 비하면 인세는 매우 낮게 책정되게 마련이다. 그렇다면 팔리지 않을 것 같은 책은 차라리 번역료를 받는 편이 득이 아닐까 싶어서였다. 인세에 목을 맬 필요는 없다. 번역가도 이해득실을 지혜롭게 따질 줄 알아야 한다. 그래서 말인데, 번역료와 인세를 병행할 수 있다면 어떨까?

하이브리드 인세

인세로만 계약하면 대중의 호응을 받지 못하는 책은 오히려 손해가 날 수도 있으니 매절(원고지)로 총 금액을 정하고 그에 해당하는 판매 부수가 넘으면 그 다음부터는 인세로 전환하는 것이다. 번역회사와 거래할 때도 하이브리드 인세를 적용하면 '악덕회사'라는 악평은 면할 수 있을 뿐 아니라 번역 인재의 산실로 탈바꿈할 수 있으리라 자부한다.

전자책e-book

전자책e-book도 번역 수입의 변수가 될 수 있다. 전자책은 인쇄나 제본 비용이 따로 들지 않으니 종이책보다는 인세를 높이 책정할 수 있을 것이다. 예컨대, P 출판사는 전자책을 제작하면 수익의 50퍼센트를 역자에게 배당한다는 조항을 명시해두기도 했다. 종이책은 절판되면 그만이지만 전자책은 절판의 개념이 없어 영구보존이 가능하므로 먼 앞날을 내다보는 사람이라면 전자책 수입을 간과해서는 안 된다.

번역가는 자신의 역서를 정가의 70퍼센트에 구입할 수 있는데 종이책뿐 아니라 전자책도 할인해주면 좋을 듯싶다. 여기에 한 가지 더 보태자면, 출판사 계좌에 입금한 후 책을 받는(혹은 번역회사에 통보하고 입금 후 책을 받는) 번거로운 기존 제도를 바꿔, 시중 서점에서도 신분증 확인 후 역자가 직접 저렴한 가격에(정가의 70퍼센트) 구입할 수 있도록 하는 방편도 꽤 괜찮을 듯싶다(증정본이 집으로 발송되기까지 기다리기가 싫기 때문이다!).

넷째, 외국어와 번역 교육을 장려해야 한다.

번역의 질은 번역가가 크게 좌우한다. 감수자와 편집자는 번역의 큰 틀을 좌우하진 못하기 때문이다. 그렇다면 번역가의 실력을 키우는 데 출판사가 보탬이 되면 어떨까? 번역 학원이나 외국어 학원 수강증을 사은품으로 증정하면 뜻 깊은 선물이 될 뿐 아니라, 바른 번

"남의 글을 내 글처럼

역이 뿌리를 내릴 수 있는 사회풍토 조성에 일익을 담당할 수 있으니 일거양득이 아닐까싶다.

요컨대, 번역서의 밝은 미래를 기대하려면 번역가의 처우가 개선돼야 한다. 번역만으로는 생계가 어려워 다른 일을 전전해야 한다거나 하루 평균 12시간은 일해야 간간이 먹고 살 수 있다면 번역의 질은 좋아질 리가 없다. 번역과 외국어를 공부하고 연구하는 데 시간을 투자할 의지가 꺾이기 때문이다. 또한 낮은 번역료는 품질이 낮은 번역을 낳고 결국 피해는 독자에게 고스란히 돌아갈 것이다. 그런 악순환이 끊어지는 날이 오기를 기대한다.

갑과 을의 불편한 진실

"보내주신 샘플 번역 검토했습니다. 역시나 기대한 만큼 좋은 번역해 주셔서 감사드립니다. 샘플 번역이 저희가 이번에 출간하려는 책과 가장 잘 어울린다고 판단하여 이번 책을 함께 작업하고 싶습니다. 메일 확인하는 대로 전화 부탁드리겠습니다."

— 편집자 K의 이메일

M 출판사와의 악연은 이렇게 시작되었다. 악연? 그렇다. 순조롭게 끝날 것만 같았던 번역 계약은 악몽이 되었고, 잔금은 1년이 훨씬 지나서야 받을 수 있었다. 진행 중에 편집자가 한 차례 바뀌었다가 최근에는 대표까지 나서게 되었다. 누구도 예측하지 못했던 사건인지라 베테랑 번역가도 겪기 힘든 일일 것 같다. 세상에는 별별 일이

다 있다.

"전화로 말했던 것처럼, 저희가 출간일이 생각보다 일찍 잡혀서 4월 안으로 번역본을 다 받고 싶습니다. 스케줄이 너무 빡빡하다 싶으면 조정은 가능하니 작업해 주시면서 틈틈이 연락주세요. 원서제목은 RLDB입니다. PDF파일로 224p 분량이고, 이전에 전화로 말했던 것처럼 번역료는 200자 원고지기준으로 3,500원입니다. 5~10p정도 번역되는 대로 먼저 보내주세요. 번역본 보고 수정할 부분이나 방향에 대해 피드백 드리고 진행하면 될 것 같습니다. 아, 그리고 계약서는 작성되는 대로 보내드리겠습니다. 주소 남겨주세요."

......

"보내주신 샘플원고 잘 읽어보았습니다. 샘플원고에 관련하여 몇 가지 의견과 피드백에 대해 전달하려고 합니다. 전화로 할까 하다가, 이야기가 길어질 것 같아 메일로 씁니다. 번역서를 만지면서 제일 크게 고민하는 것이 바로 '번역체'인데, 많은 책들을 번역하셔서 그런지 글에서 역시 '프로'의 냄새가 납니다. 번역체 문장이 거의 보이질 않네요. 그뿐만 아니라 기본적인 맞춤법과 띄어쓰기는 물론이고 문장마다 많이 고민하신 흔적이 보여서 기대 이상으로 만족했습니다. 게다가 문장마다 힘이 제대로 실려 있어서, 저자의 자신감이 여기까지 느껴집니다. 좋은 번역 감사합니다."

"이제부터는 몇 가지 수정 사항입니다. 앞으로 번역하면서 참고하시면 될 듯합니다."

1. 한자 사용을 최대한 줄여 주세요.

"브랜드 이미지가 중요한 대학 체육부에서는 리더십이 장기적인 성공을 결정하는 주요 변수가 된다. 리치 아이크도 그렇게 여겨 명실상부한 리더십으로 안내하는 복잡다단한 비결을 터득했다. 풍부한 지식과 경험을 토대로 쓴 RLDB는 리더십을 연마하려는 이들에게 매우 유익한 정보를 제공할 것이다."

— 데이비드 브랜든, 미시건 대학 체육부 총감독, 전 도미노피자 CEO

"리치 아이크가 역설하는 노하우의 정수는 경청과 분석과 소통이다. 전문가의 기질이 뒷받침된 두뇌와 훈련 비결은 문제를 해결하는 귀중한 열쇠가 될 것이다."

— 유진 A. 바우어, 전 스탠퍼드 대학 의료센터 CEO 겸 동대학원 의과대 학장

"명실상부, 복잡다단 등 한 문장에 한자가 너무 많습니다. 물론 이 책은 독자 연령층이 높은 편이지만, 한글로 풀어쓸 수 있는 부분은 길더라도 독자들이 이해하기 쉽게 풀어 써주시는 게 좋습니다. 그 외에도, '부기지수,' '성공가도' 등 한글이나 쉬운 단어로 풀어쓸 수 있는 부분임에도 한자를 써주신 부분이 보입니다. 이 부분은 앞으로 번역하면서 조금만 더 신경 써 주셨으면 좋겠습니다('부지기수'나 '성공가도'도 읽기가 불편한 사람이 경영서를 읽을까?)."

2. 문장에 부수적인 단어가 너무 많습니다.

"역시나 위에서 언급했던 문장입니다. 'R이 역설하는 노하우의 정수는 경청과 분석과 소통이다.' 이 부분을 이렇게 고쳐 보았습니다."

→ R이 주장한 노하우는 '경청'과 '분석'과 '소통'이다.

"'노하우의 정수'는 '노하우'로 써도 뜻은 동일합니다. 부수적인 단어의 사용을 최대한 줄여, 간결하고 명확한 문장으로 만들어 주세요. 한 문장을 더 설명해 드리겠습니다."

'물론 이 책이 비즈니스나 의대생이나 경영진을 겨냥한다며 독자를 한정할 필요는 없다.'

→ 이 책은 비즈니스나 의대생이나 경영진만을 위한 책은 아니다.

"굳이 겨냥한다, 독자, 한정하다는 단어를 쓸 필요는 없습니다. 많은 단어의 사용은 글이 길어질 뿐만 아니라 문장이 모호해지는 경향이 있습니다. 최대한 짧고 간결하되, 명확하게 써주시면 됩니다."

3. 문장은 짧게 끊어주세요.

"원서를 보니 원래부터 문장이 기네요. 하지만 글의 흐름상 어쩔 수 없는 경우를 제외하고는 문장은 최대한 짧게 끊어주세요. 최대한 두 줄을 넘지 않는 문장이 좋습니다."

기업부문에서는 세계적으로 각광받는 리더를 면밀히 관찰하여 의욕을 극대화하는 그들의 노하우와 사이비 리더가 몰락하는 경위를 엿볼 수 있었고, 학계에서 쌓은 경력은 멘토링 기술을 연마하는 데 보탬이 되어 새로운 리더문화 창출에 기여할 수 있었다.

→ 기업부문에서는 세계적으로 각광받는 리더를 면밀히 관찰하여 의욕을 극대화하는 그들의 노하우와 사이비 리더가 몰락하는 경위를 엿볼 수 있었다. / 학계에서 쌓은 경력은 멘토링 기술을 연마하는 데 보탬이 되어 새로운 리더문화 창출에 기여할 수 있었다.

RLDB는 이해하기 쉬운 실용서로, 직장과 가정에서 리더를 양산해내는 데 도움이 될 뿐 아니라, 동기를 불러일으키고 리더십을 발휘하는 데 갖춰야 할 자질이 무엇인지 일깨워주며 실제 사례와 각계각층의 리더가 털어놓는 조언과 올바른 지침으로 (경제적 형편에 관계없이) 팀의 사기를 끌어올리고 먼발치에서 타인의 성공(곧 자신의 성공으로 이어지기도 한다)을 묵묵히 지켜볼 수 있는 여유도 가르쳐줄 것이다.

→ RLDB는 이해하기 쉬운 실용서다. / 직장과 가정에서 리더를 양산해내는 데 도움이 될 뿐 아니라, 동기를 불러일으키고 리더십을 발휘하는 데 갖춰야 할 자질이 무엇인지 일깨워준다. / 실제 사례와 각계각층의 리더가 털어놓는 조언과 올바른 지침으로 (경제적 형편에 관계없이) 팀의 사기를 끌어올리고 먼발치에서 타인의 성공(곧 자신의 성공으로 이어지기도 한다)을 묵묵히 지켜볼 수 있는 여유도 가르쳐줄 것이다.

"이상입니다. 챕터1 번역이 끝나면 한 번 더 원고 보내 주세요. 또한 챕터1 번역은 언제까지 가능하신지 답장 부탁드리겠습니다."

......

"마감일을 칼처럼 지켜 주셔서, 정말 감사합니다. 그리고 수고 많으셨어요. 최대한 빨리 원고 검토해 보고, 다시 연락드리겠습니다. 감사합니다."

......

"이제 서서히 원고를 다듬어야 할 때가 왔네요. 출간일이 생각보다 늦게 잡혀서 이제야 메일을 보냅니다. RLDB 1장까지 보내드립니다. 앞부분은 피드백을 전달하기 전에 번역을 해주셔서 그런지, 뒷부분으로 갈수록 번역이 좋습니다. 그래서 뒷부분으로 갈수록 원고 읽기가 수월한 반면 1장까지 원고가 많이 딱딱하고 눈에 안 들어오는 문장이 많습니다. 그래서 수정되었으면 하는 표현은 따로 표시해두었습니다.

문장 고친 건 없고요. 전체적으로 한 번 더 다듬어 주시고 교정 교열 보겠습니다. 나머지는 1장 보내주시면 천천히 읽어보고 다시 보내드릴게요. 이 책이 경영/비즈니스이긴 하지만, 최대한 딱딱한 표현은 피해주셨으면 합니다. 한자어 사용 최대한 줄여주시고, 문장이 길더라도 쉽게 풀어써주세요. 수정 원고는 다음 주 안으로 부탁드려도 될까요? 일정 검토해보시고 답장 주세요. 그럼 좋은 주말 보내시구요. 다시 연락드리겠습니다. 감사합니다."

......

"빠른 수정 감사합니다. 나머지 원고도 최대한 빨리 보내드리겠습니다. 번역료도 최대한 빠른 시일 내에 지급될 수 있도록 논의해 보겠습니다."

……

"RLDB 2, 3장 원고 다시 보내드립니다. 저번처럼 수정되어야 할 부분만 체크해두었습니다. 저번에 '프롤로그~1장' 보내주신 수정 원고처럼만 고쳐주시면 될 듯합니다. 최대한 쉽게, 풀어서 써 주세요! 나머지 원고도 최대한 빠른 시일 내로 보내드릴게요. 그럼 검토하시고 연락 부탁드립니다!"

……

"RLDB 나머지 원고 보내드립니다. 수정하여 7월 말까지 부탁드리겠습니다. 그리고 번역료는, 저희가 출간일이 예상보다 늦게 잡히는 바람에 조금 늦게 지급이 될 것 같습니다. 그래서 1차 수정 원고를 모두 받고 나서 8월 쯤 번역료의 일부분이라도 먼저 드리면 어떨까 합니다. 번역료의 30~40%를 먼저 드리고 나머지는 출간된 후에 지급해드려야 할 것 같습니다. 오래 기다리게 해서 죄송합니다. 그럼 원고 검토하시고 연락 기다리겠습니다."

……

"안녕하세요. 오랜만에 인사를 드립니다. 번역하신 책은 연말로 출간 예정일이 잡혀 있어요. 올해 안, 늦어도 내년 초까지는 나올 예정입니다. 여름에 올림픽을 피하려다보니, 출간 스케줄이 조금 꼬였네요. 차후에 다시 출간 일정 잡으면 또 다시 연락드리도록 하겠습니다. 감사합니다."

......

"메일 주신 대로 남은 번역료와 관련하여 상부에 보고를 드렸더니 아쉽게도 12월에 잔금을 처리하는 것은 조금 어렵다고 하십니다. 출간일이 100% 확실하지 않은 상태에서 번역료를 모두 지급한 경우가 사실상 한 번도 있지 않은 일이어서 많이 고민하셨지만, 조금 힘들지 않을까 싶습니다. 그 대신에 저희가 12월 중순부터 RLDB가 본격적으로 출간 준비에 들어갑니다. 빠르면 1월, 늦어도 2~3월 안으로 책이 나올 예정인데 1월에 출간되면 바로 잔금 입금해드리고, 혹시나 1월에 출간되지 못하면 절반이라도 꼭 입금해드리겠습니다. (저희 회사 결재일이 매달 *일이어서, 1월 *일쯤 되지 않을까 싶습니다.) 번역에 신경 많이 써주셨는데, 아쉬운 소식 전달하게 되어서 죄송합니다. 최대한 빨리 출간하는 것으로 보답 드리겠습니다. 감사합니다." K올림

이렇게 1차 수정이 완료된 후 담당 편집자가 바뀌면서 또 한 차례 수정을 요구해왔다.

"어제 전화 드린 편집자입니다. RLDB 원고 보내드립니다. 저희가 1차로 한 번 수정하였고요, 번역가님께 피드백을 요청 드립니다. 검은색 밑줄 친 부분을 봐 주시면 됩니다. 1, 2, 3, 4, 5, 6, 7장을 먼저 보내드립니다. 8장과 머리말 부분은 추후에 다시 보내드리도록 하겠습니다. 다음 주 목

요일까지 해 주시면 감사하겠습니다. 그리고 1, 2장 정도는 재번역이 되는대로 중간에 먼저 받아볼 수 있을까요? 감기 회복을 하셔야하니 너무 무리하게 서두르시진 마시구요. 책 출간이 이렇게나 미뤄지게 되어 참 죄송스럽습니다. 현재의 일정인 2월 출간을 목표로 최대한 맞출 예정입니다. 잘 부탁드립니다!"

......

"번역료 기다리고 계시지요. 지급 일정이 확실히 정해지는 대로 바로 연락드리겠습니다. 8장은 오늘에야 보내드립니다. 질문 부분이 많지는 않습니다. 기타 머리말, 추천사, 감사의 글 같은 부분은 제가 추후에 짧게 여쭤보거나 하면 될 것 같습니다. 원고 초반에는 저희가 편집하면서 쳐낸 부분이 좀 있습니다. 1장에서 많은 편집이 있었어요."

......

"RLDB에 대한 출간 일정 때문에 메일을 보내드립니다. 2012년 12월부터 현재까지 RLDB와 관련하여 여러 차례 기획회의와 편집회의를 하고 있는데 생각보다 원고에 수정할 것이 많아 출간 일을 부득이하게 4월로 미루게 되었음을 알려드립니다. 그 전에 출간을 할 수 있으면 최대한 빨리 출간하도록 노력하겠지만, 제목부터 시작하여 원고 자체가 '미국'적인 내용이 너무 많아 일일이 손을 볼 수밖에 없는 상황이네요. 유지훈 씨께서 번역도 빠르게 해주셨고 여러 차례 수정도 해주셨지만, 여전히 원고에 딱딱한 느낌이 많아 저희로써 무척이나 고민인 책입니다. 그리하여 나머지 잔금은 출간이 되는 대로 바로 지급해드리도록 하겠습니다. 약

250만원 중에서 100만 원 정도 남은 것으로 알고 있는데 마음 같아서는 모두 지급해드리고 싶지만, 아시다시피 출간 이전에 모든 번역료를 지급해드린 적이 없어서 죄송한 말씀만 전하게 되네요. 그럼 최대한 빠른 시일 내로 출간하고 다시 연락드리도록 하겠습니다."

……

"RLDB 번역료와 관련하여서, 지난번에 전화로 말씀드렸던 것처럼 대표님 최종 결재만 남아 있는 상태입니다. 전화로 드려야 할 말이긴 합니다만 그 전에 최대한 오해가 없게 상황 설명을 해드려야 할 것 같아서 메일을 먼저 보냅니다.

"저희가 작년 4, 5월에 작업을 한 걸로 알고 있습니다. 예정대로라면 6월, 늦어도 7월에 출간을 할 예정이었는데 원고의 문제인지, 아니면 번역의 문제인지 글이 잘 읽히지가 않아서 원고를 다 받고 나서 다시 한 번 밑줄을 그어서 수정을 요청했었고요. 하지만 생각보다 원고 수정할 사항이 많아서 부득이하게 12월로 출간 일정을 미루게 되었습니다. 그러면서 8월에 남은 번역료에 대한 중간 정산을 해드렸습니다.

"12월 이후로 제가 이 책을 맡게 되면서 본격적으로 다시 출간 준비를 했는데 손 볼 문장이 너무 많아서 다시 수정 요청을 드렸습니다. 그러다 보니 출간일이 다시 한 번 4월로 미루게 되었습니다. 지금까지 나머지 잔금이 지급 안 된 점에 대해서는 죄송하게 생각하고 있습니다.

"그래서 유지훈 씨의 메일을 받고 상부에 상황 설명을 하여 부장님의 결재는 떨어졌지만, 이례적으로 출간 이전에 번역료를 지급하는 일이 없었기에 대표님께서 신중히 원고를 검토하셨습니다. 하지만 대표님이 보시기에 원문과 충실하지 못했거나, 문장 자체에 오류가 많다고 판단되어 다시 한 번 수정을 요구하시어 결재가 떨어지는 게 쉽지 않네요. 대표님께서 최종적으로 원문과 대조해보고 나서 결정하시겠다고 하시니 조금만 더 기다려주셨으면 좋겠습니다."

— P올림

그러고 나서 본격적인 클레임이 시작되었다. 필자의 번역 중 일부를 발췌해서는 '회사가 원하는 번역은 이런 것'이라며 기준을 제시한 것이다.

필자의 번역

'리더십 8계명'의 논리는 단순하다. 그렇게 보이진 않겠지만 말이다. 예컨대, 직원을 공정하게 상대하고, 그의 적성을 살리면 기업이 번창할 거라는 이야기는 자주 들었을 것이다. 물론 말은 쉽지만 경영진이 현장에서 이를 적용할라치면 기대에 미치지 못하는 경우가 허다하다. 다양한 자질을 두고는 말이 많지만 알짜배기 리더가 되기 위해 필요한 헌신과 동기, 지침 및 배려를 몸소 실천하는 사람은 거의 없다. 하지만 리더라면 자신보다 서비스를 우위에 두고 직원의 권위를 인정할 줄 알아야 한다. 그를 휘어잡거나 복종을 강요해서는 안 된다. 사람을 먼저 생각한다는 것이 인기 있는 비즈니스 트렌드는 아니지만 나는 이를 강력히 주장하고 싶다. 나의 발자취를 돌이켜 보더라도, 최선의 CEO는 이 접근법을 충실히 따랐지만 최악의 CEO는 그러지 않았다는 점을 알 수 있다.

재번역

나의 '효과적인 리더십 8계명'의 논리는 믿기지 않을 정도로 단순하다. 기업을 하는 많은 사람들은 이런 얘기를 많이 들었을 것이다. 직원들을 바르게 대하고, 적성을 살려 주면 사업은 번창할 것이라고. 논리는 아주 쉬워 보인다. 그러나 리더의 역할을 맡은 사람들이 이를 적용하는 것은 결코 쉽지 않다는 걸 종종 봐왔다. 실제 진정한 리더가 되기 위해 필요한 이해력과 속담, 추진력, 책임감을 갖추고 나아가는 사람은 거의 없다. 진실된 리더들은 자기 자신보다 섬김을 우위에 둔다. 통제하려 하지 않고 권한을 준다. 섬기라고 강요하지 않고 먼저 섬긴다. '사람을 먼저 생각한다'는 것이 오늘날의 인기 있는 비즈니스 모델은 아니지만, '사람 우선'은 필자가 열정을 바쳐 주장하는 유일한 가치이다. 그동안 사회생활을 해오면서 나는 최고의 CEO들은 이런 접근법에 따르고 최악의 CEO들은 따르지 않는 것을 직접 봐왔다.

"편집자로서의 제 목표는 독자들이 쉽게 읽고 이해할 수 있으며, 내용의 흐름이 흥미로운 책을 만드는 것입니다. 독자에게 큰 도움이 되는 책을 펴고 싶습니다. 많은 책을 번역해 오신 유 선생님께 재번역 원고를 보내는 것은 불쾌한 일일 수 있습니다.

"하지만 그것은 문장의 의미가 한눈에 들어오지 않는 상태인데, 이를 일일이 설명할 방도가 없었기 때문입니다. 그래서 내부 영어 R&D팀에게 특별히 부탁하여 rough하게 샘플 원고를 만들어 보낸 것입니다. (물론 중간에 '속담'과 같은 제 타이핑 실수가 있기도 했지만요) 재번역 원고가 정답은 아닐 테지만 그래도 그 서술이 훨씬 쉽게 읽혔습니다. 문장이 간결해서 좋았습니다. 번역 서술상의 문제라고 생각합니다.

"다소 거친 표현들은 편집에서 충분히 걸러낼 수 있다고 여깁니다. 저도 독자들에게 감명을 주는 책을 정성들여 만들고 싶습니다. 유 선생님 또한 훌륭한 번역자로서 좋은 책을 내고 싶으실 것입니다. 조금만 더 시간을 내셔서 원고 손질을 해주시면 제가 정말 좋은 책으로 만들어 보이겠습니다. 저도 빨리 책을 내고, 번역 사례금도 빨리 정산해 드리고 싶습니다."

3차 수정은 포기했다. 할 엄두가 나지 않았다. 2차까지 일일이 손봐가며 원고를 고쳤는데 이번에는 대표가 나타나서 스타일까지 회사가 원하는 식으로 바꾸란다.

미스터리 번역회사

국내에서 책을 전문으로 번역하는 회사는 아주 드물다. 번역서는 출간 비용이 많이 드는 탓에 출판계 불황이 몰아친 이후부터 번역서의 수효도 급감했다. 국내 저자는 정가의 10퍼센트 미만의 인세를 주면 그만이지만 번역가는 대개 목돈이 되는 원고료를 지급해야 한다.

필자는 몇 안 되는 출판 번역회사에 취업한 적이 있다. 2013년 3월부터 2014년 1월까지 영어번역부 과장으로 근무했다. H대리와 K대리가 취업 동기였다. 번역회사는 출근부터 퇴근할 때까지 번역에 몰두하기 때문에 잔업이 없고 신경을 건드리거나 실랑이를 벌일 틈이 거의 없다. 그래서 근무환경은 정말 괜찮았지만 재정이 큰 문제였다. 명색이 과장인데 수습과정이 필요하다는 이유로 첫 3개월은 100만원만 주겠다고 했다. 인터넷 동호회에서는 번역료를 떼먹는 회사로 정평이 나있었지만 규칙적인 생활이 절실하기도 했고 '정말 그러기야 하겠어?'라는 안일한 생각으로 지원하고 말았다. 제 발로 호랑이굴에 들어간 셈이다.

대표는 번역계에서 자칭 '알아준다'는 A씨. 문하생을 모집하여 무료특강도 진행했는데 10명 미만으로 기억한다. 첫 만남에서 대표는 인세와 강의로 매년 억대를 챙긴다며 너스레를 떨었다. 하지만 월급이 제 때 통장에 찍힌 적은 없었다. 매번 두 번에 걸쳐 지급한 점도 미심쩍은 데다, 야근할 때는 일면식도 없는 번역가들에게 독촉 전화도 몇 번 받았다. 어느 날 점심 때 Y팀장을 슬쩍 떠봤다.

"회사 욕하는 사람이 왜 그리 많아요?"
"……"

팀장은 답변을 피했다. 거래처를 살펴볼라치면 대형 출판사가 줄을 섰고 매월 정기적으로 수주하는 분량도 적지 않았다. 예컨대, 필자는 회사에서 『퍼펙트 타이밍When』을 완역했고 이는 문학동네(아템포)에서 출간되었다. 이 외에도 김영사와 민음사 및 웅진 등, 내로

라하는 출판사가 번역을 의뢰해 왔기 때문에 프리랜서 중개료도 짭짤했을 것으로 추정된다(여유롭게 근무한 날은 하루도 없었다). 대표의 손에 쥐어 준 번역료가 수천만 원인 데다, 일본어 팀장도 사무실에 상주하면서 회사에 억대 매출을 안겨주었다고 한다. 하지만 회사는 늘 자금이 궁했다.

임금을 두 번에 나눠 지급하다가 체불이 시작되더니 퇴사 전 3개월간은 돈 구경을 하지 못했다. A씨는 악명 높은 번역회사의 대표답게 일언반구 말이 없었다. 회사를 떠난 후 노동청에 신고하고 나서야 (자신이 직접 나선 것도 아니고) 팀장이 부랴부랴 전화로 소송 취하를 종용했다. 그것도 대표가 형사처벌을 받기 하루 전날에.

2000년대 초, 직원이 60명이 넘었다는 '전설'은 무색해진 지 오래다. 대표가 다른 사업에 손을 댔다가 큰 손해를 본 뒤 번역에만 매진해왔다는 기사를 읽은 적이 있는데, 아무리 그래도 세무사에게 대표의 통장이 압류당하고 임금체불과 경영난으로 결국 문을 닫아야 했다는 점은 도통 이해가 가질 않는다. 매년 회사가 도맡아했던 『(이코노미스트) 세계경제대전망』은 다른 업체가 이어받았다. 폐업과 동시에 인터넷 동호회에서는 대표를 상대로 집단소송이 진행 중이다. 번역료를 몇 년 째 받지 못한 번역가가 한 법무법인에 의뢰한 것이다. 피해 번역가를 모집했지만 필자는 동참하지 않았다. 지난 형사 소송이 취하되어 어쩔 수 없이 민사소송을 제기한 탓에 1년 정도를 또 허비했다. 정규직에 채용되었지만 3개월간 임금을 받지 못했으니 피해사례가 남일 같지 않았다. 체불과 빚더미로 진 회사의 얼룩은 쉽사리 지워질 수 없을 것 같다.

리크스

"어디 가서 발설하면 안 돼, 알았지?"

입사한 지 몇 달 안 되었을 때 회사 관계자가 신신당부했다. 월터 아이작슨의 『스티브 잡스Steve Jobs』 자서전을 옮긴 사람이 따로 있다는 사실을 (묻지도 않았는데) 스스로 밝히고는 철저히 입단속을 시킨 것이다. 내가 놀랄 거라고 생각했을까? 물증이 없을 뿐 심증은 누구나 했을 텐데. 매년 10권이 넘는 번역서에 같은 이름이 올라와 있다는 점(현실적으로는 한 해에 다섯 권 출간도 어렵다), 직원이 있다는 점(굳이 자기가 하지 않아도 된다)을 보면 누구나 짐작하고도 남을 것이다. 퇴사 후에도 그가 옮겼다는 『한계비용 제로 사회: 사물인터넷과 공유경제의 부상The Zero Marginal Cost Society: The Internet of Things and the Rise of the Sharing Economy(2014년)』의 실제 번역가를 만나기도 했다. 오역이 더러 있어 회사 관계자에게 타박까지 들었다고 한다.

'스케일'이 큰 작품은 사전 심사가 까다롭다. 전문 번역가의 이력을 토대로 그가 작품을 도착어로 잘 표현해 낼 수 있을지 판단하기 때문에 아무나 옮길 수가 없다. 대표의 이력으로 어렵사리 의뢰를 받았지만 정작 제3자가 작품을 옮겼으니 월터 아이작슨이 이 사실을 안다면 얼마나 실망이 클까.

그는 대리번역ghost translating이 내키지 않으면 같이 일을 할 수 없다고 잘라 말했다. 아쉬운 사람이라면 거절하기 어려운 제안이었다.

이처럼 자신의 지위를 이용하여 부당한 행위를 강요하거나 부당한 이익을 챙기는 수작을 우리는 '농단'이라고 배웠다. 문하생을 상대로 자행된 문화농단은 다음과 같은 과정을 거쳤다.

1. 어느 정도 실력이 되는 지망생을 대상으로 무료 번역특강을 공지한다.
2. 이미 계약한 작품을 지망생에게 건넨다.
3. 공역으로 혹은 고스트 트랜슬레이터(ghost translator, 대리번역가)로서 작업해주면 나중에 정식으로 이름을 올릴 기회를 주겠다고 꼬드긴다.
4. 번역이 완료되면 원고를 받아 직원에게 감수를 맡기거나, 자신이 훑어본다.
5. 최종 원고를 출판사에 넘긴다.

문화농단은 번역회사에서도 벌어지지만 이를 강행하려는 출판사가 훨씬 더 많다. 번역가로 전업한 지 얼마 안 되었을 때 번역회사의 의뢰로 『결정적 순간의 대면Crucial Confrontations』을 옮긴 적이 있다. 그땐 신참이라 마감시간을 넘기면 큰일이 나는 줄만 알고 밤을 꼬박 새워 완역한 기억이 생생하다. 작품을 중개한 매니저는 역자 이름이 올라가지 않는다는 점을 조심스레 제안하며 양해를 구했다. 계약서에는 '역자 이름을 뺀다는 데 동의한다'는 조항도 추가되었다. 저작권에 위배되는 조항이니 법적 효력은 없다. 아니, 이를 작성한 쪽이 되레 처벌을 받을 수 있는 위험천만한 계약 조항이다. 엄밀히 말하자면, 계약보다는 경고문이나 협박문이라야 옳을지도 모르겠다.

농단도 각양각색이다. 『아름다운 열정Motivate to Win』의 경우, 처음에는 역자명을 뺀다고 했다가 공역으로 책이 나왔다. 인지도로 보나 지위로 보나, 나보다는 월등한데 그래도 미미하나마 양심이란 것이 발동한 탓에 필자 이름을 옆에 '추가'한 것 같다.

리앤더 카니가 쓴 『조너선 아이브Jonathan Ive』도 그랬다. 촌각을 다투는 작품인지라 몇 명이 챕터를 쪼개서 번역했다. 필자도 세 챕터 정도도 옮겼는데, 이때 Y팀장은 IT 관련 용어를 참고하라며 『스티브 잡스』 파일을 건넸다. 이때 그는 자서전 오역 논란으로 스포트라이트를 받은 Y씨를 두고 원성을 높이기도 했다. 이처럼 일정에 따라 몇 명을 붙여 작업을 시키고는 전혀 다른 사람의 이름을 표지에 장식하는 경우도 비일비재하다. 전직 미국 부통령에 노벨상까지 받은 셀럽이 집필한 책 중 3~6장chapter을 옮긴 적이 있다. 앞선 두 장은 번역가 지망생이자 대학 교수가 맡았다는 말을 얼핏 들었다. 완역한 장은 연구소로 전달되고, 연구원은 원고와 원문을 꼼꼼히 대조한 뒤 잘못된 부분에 밑줄을 그은 파일을 다시 대표에게 보냈다. 원고 수정도 내 몫이었다. 그렇게 출간된 작품이 『앨 고어, 우리의 미래The Future』다.

번역서의 주권은 저자와 역자에게 있고, 누구든 명예와 인지도를 내세워 역자를 자처할 수 없다.

출판농단

출판계에서는 '사재기'가 유명한 농단으로 꼽힌다. '사재기(정확한 용어는 아니다)'란 판매순위를 끌어올릴 요량으로 책을 다량 구매하는 수작을 일컫는다. 손해는커녕 득을 보는 '전략'이다. 예컨대, 1만원 짜리 책을 부정한 방법으로 100권 샀다고 치자. 해당 부수에는 서점의 도장이 찍혀 상품가치가 없어지지만 이를 창고에 보내면 직원이 하단을 절단하는 방식으로 도장을 없애준다. 그러면 시중에 다시 유통될 수 있다. 100권을 매입했으니 공급률이 65퍼센트라고 가정하면 회사에는 65만원이 지급될 것이다. 이때 순위가 폭등하여 독자가 100권을 구매한다면 65만원이 추가로 통장에 들어가게 된다. 결국 100만원을 투자하여(인터넷으로 매입하면 10퍼센트 할인으로 90만원) 130만원 이상을 벌어들일 수 있기 때문에 손해가 아니라는 것이다. 출판협회 관계자에 따르면, "대표들을 만나보니 저만 빼고 다 사재기 한다"더라.

송인서적이 최종 부도 처리된 후, 모 출판사 대표는 "출판이라고 하는 건 절대로 장사가 아니다."라고 주장했다. (피해액) 400억 원이면 1년에 나오는 단행본의 25%에 해당하는 4천 종의 책을 만들 수 있는 돈이 사라졌는데 무릎을 꿇고 정부에 지원을 부탁해야 하는 현실을 두고 한 말이다. 그러나 이는 베스트셀러에 진입하기 위해 역자를 속여 독자를 우롱하고 사재기를 일삼아 '장사'를 하는 출판사에는 적용되지 않는 지론일 것이다.

"사소한 오역부분 때문에 원문에 없는 의미를 만들어내지 않을까 걱정이 되셨다고 하네요. 채택된 원고는 연결이 부자연스러운 부분도 있어서 이번엔 지훈님이 되실 줄로만 믿고 있었는데 너무 아쉽습니다."

—『Organizing Genius』

"짧은 원고인데도 출판사에서 상이한 스타일 중 어떤 쪽을 택하실지 좀 오래 고민하셨다고 하네요. 지훈님께서 동문이라 살짝 흔들리셨다는군요."

—『100 Topics for Spoken English』

"[채택된 원고의] 표현이 좀더 섬세한 느낌이라고 하시네요. 꼭 한 번 비교 검토 해 보시고 좋은 참고 되었으면 합니다."

—『빌 게이츠는 18홀에서 경영을 배웠다, 황정경 옮김)』

"우열을 말하기는 힘들지만 오역은 비교적 안보여서 탈락되신 듯싶습니다. 채택원고를 참고하시면 좋을 듯합니다."

—『콜디스트 윈터, 정윤미, 이은진 옮김)』

남의 글을
내 글처럼

책에서 발췌한 구절이 아니니 오해가 없기를 바란다. 초보시절 번역회사 매니저가 보낸 글인데 아마추어 번역가중, 특히 실력도 변변치 못한 번역가의 애환을 읽을 수 있을 것이다. 내가 등록한 번역회사는 출판사로부터 의뢰를 받으면 몇몇 번역가들에게 동일한 범위의 스캔 파일을 보내주고는 번역 샘플(A4 약 1장 반)을 취합한다. 그러고 나서 이를 출판사에 보내면 한 명이 선택되는 식으로 번역의뢰가 진행된다. 그러니 탈락한 사람들은 '약 3시간 이상을 헛고생만 했다.'는 생각에 맥이 풀리게 마련이다. 나 역시 수개월을 그렇게 허송한 적이 있었다. 석연치도 않은 데다 속까지 뒤틀렸다. 처녀작을 맡은 후 석 권까지는 무난히 작업했는데 그 이후부터 '줄탈락'이라니 도무지 이해하기가 어려웠던 것이다. 내가 선택되었다면 위 네 권의 역자는 달라졌을 것이다.

반격이 시작됐다!

실력이 부족한 사람에게도 기회는 오지만 계속 그러는 건 아닌가 싶었다. 이렇게 번역회사에 등록했다고 해서 번역을 할 수 있다는 보장은 없다. 솔직히 내가 옮긴 글이 썩 좋다고 자부할 수는 없었으니 탈락을 두고 왈가왈부할 입장은 아니었다. 그렇다면 실력이 있어야 번역을 할 수 있다는 이야기인데, 영어 실력도 중요하지만 비교적 단기간에 수준을 끌어올릴 수 있는 것은 단연 글쓰기 실력이다. 자주 틀리는 오류만 교정해도 죽은 글이 '확' 살아나니까.

다 같지는 않겠지만 일을 '물어다주는' 회사에는 편집부가 있었다. 번역을 마치고 매니저에게 원고를 보내고 나면 '심판'을 기다려야 한다. 얼마 후 도착한 원고가 형형색색 아롱지고 '아름다워' 질수록 번역가는 식은땀을 흘린다. 색깔이 들어갔다는 것은 뭔가 미심쩍다거나 흐름이 끊긴다거나 논리적으로 문제가 있다거나 하여튼 "수정하란" 얘기기 때문이다. 편집자는 원고를 냉철하게 읽어보고는 기가 막히게 오역을 집어내고 글을 매끄럽게 바꿔주었다.

편집자 수정원고 1

줄어드는 휴대폰 요금과 더불어 '어떤 네트워크 기술을 적용했느냐'도 네트워크 성능에 큰 영향을 미칠 수 있다. 효율이 떨어지는 네트워크기술은 비효율적인 네트워크 기술은 속도가 느리고 믿음이 가지 않을 뿐만 아니라, 고객의 요구를 십분 충분히 지원할 수가 없다. 텔레비전 광고 중에 이런 대목이 있다. 제법 웃긴다고 생각해서 말했는데 상대방은 묵묵부답이다. 어떤 텔레비전 광고를 보면, 자신은 제법 웃긴다고 생각해서 말했는데 상대방은 묵묵부답인 장면이 나온다. '혹시라도 상대방의 심기를 건드렸을지도 모른다'는 생각에 그는 겁이 났다. 살짝 걱정을 하게 된다. 네트워크 기술이 탁월하다면 이런 '어색한 시추에이션'은 연출되지 않을 것이다. 따라서 MNO가 어떤 네트워크 인프라를 선택하느냐에 따라 '비즈니스' 뿐만 아니라 지역 주민의 '삶'도 달라질 수가 있다. 결국, 미국에 확산된 '무선혁명(wireless revolution)'의 속도는 MNO가 채택한 기술에 달려있다. 달린 셈이다.

남의 글을
내 글처럼

현재 이동통신네트워크는—1, 2, 2.5, 혹은 3세대(G) 네트워크—통화구역방식(cellular system)을 따른다. '통화구역방식'이란 하나의 셀탑을 중심으로 원이나 구역(cell)이 약간씩 중첩되는 방식을 일컫는다. 사용자는 통화구역 안에서 셀탑을 통해 통신망에 접근한다. 예컨대, 구역이 중첩되는 탓에 운전을 하며 통화할 땐 셀탑을 벗어나더라도 새로운 송수신구역에 진입하여 통화가 가능해진다. 예컨대 구역이 중첩되는 탓에 운전하면서 통화할 땐 셀탑을 벗어나더라도 새로운 송수신 구역에 진입하면 금세 통화가 가능해진다. 그러나 일정 범위 안에 셀탑이 없거나, 탑이 있더라도 수용한계를 초과한다면 연락이 끊겨 연결이 끊기므로 '통화' 버튼을 다시 눌러야 할 것이다.

—『퓨처 오브 레스』 중에서

수정된 글을 읽다보면 '예전에도 지적받은 적이 있는데 여전히 틀리고 있구나.' 하는 생각이 들 때가 비일비재했다. 글을 많이 읽고 쓰지 않은 사람은 말을 이어 쓰는 과정이 매끄럽지가 못하다. 결국, 편집부에서 수정해준 원고를 찬찬히 살펴보며 내 단점을 짚어가기로 했다. 자주 남용해서 지적을 자주 받은 어구는 '~ 및'과 '~ 때문에' 등 한둘이 아니었고 주어와 술어의 관계가 분명치 않은 적도 많았다. 의식적으로 약점을 고치려고 노력하면 글은 분명히 달라진다.

또한 번역 기술 서적도 탐독했다. 20, 30년간의 노하우를 고스란히 담은 책은 글을 적절히 옮기는 데 큰 보탬이 됐다. 서계인님이 지은 『영어 번역의 기술』과 김정우님의 『영어 번역 ATOZ(아토즈)』의 예제를 직접 써가면서 실전에서 활용했고, 인터넷이나 신문에서 우리말을 다듬는 데 도움이 되는 글은 스크랩해두거나 인터넷 홈페이지에 게시해두고 연습했다.

번역깨나 한다는 소리를 듣고 싶다면 뭐니 뭐니 해도 글을 매끄럽고 '맛깔나게' 쓰면 된다. 어찌 보면 '번역 잘한다'가 '글을 잘 쓴다'와 일맥상통하기에 『번역은 글쓰기다』라는 책이 나온 듯싶기도 하다. 그도 그럴 것이, 원문을 왜곡하지 않는 두 원고가 있다면 누구라도 글이 잘 읽히는 쪽에 손을 들어줄 테니 말이다.

남의 글을
내 글처럼

12. 비즈니스Business

"전문 번역가에게 번역으로 성공하는 법은 묻지 마라."

"왜죠?"

"그 사람도 모르니까."

"아, 그렇구나."

번역가로 살아남기가 어려운 이유를 묻는다면 '불신과 무명'을 꼽을 수 있다. 불신을 꼽는 까닭은 번역 작가가 다수 있지만 그들의 실력을 믿을 수 있는 근거가 없기 때문이다. 샘플 몇 장을 기가 막히게 잘했다고 해서 실력이 있다고 장담할 수는 없다. 게다가 실력이 있다손 치더라도 수만, 아니 수십만 남짓 되는 번역가 중에서 스케줄도 맞고 각 장르를 자신 있게 소화할 수 있는 번역가를 찾는다는 것이 쉽지 않으므로 '무명'을 꼽는 것이다. 결국, 자신이 옥석임을 알려야한다는 이야기인데 영업의 '영' 자도 모르는 번역가에겐 그러기가 쉬울 리 없다. 일하기도 벅찬데 비즈니스까지 해야 하니 고달플 따름이다.

그런 면에서 비즈니스의 벽을 허물어주는 번역회사가 고맙긴 하지만 고액의 수수료를 뗀다는 점에서는 '적군'인지 '아군'인지가 분명치 않다. 물론 번역회사에 등록했다고 해서 번역을 할 수 있다는 보장도 없다. 예컨대, 한 번 의뢰한 이후 몇 년째 연락을 끊어버린 곳도 있고 스케줄이 책 번역과 겹쳐 울며 겨자 먹기로 포기해야 했던 기술번역도 몇 건 있었다. 뿐만 아니라 샘플 번역에서 탈락되어 거의 반년 이상을 허송한 적도 있었다. 방법도 모르거니와 딱히 내세울 것도 없었기에 출판사를 상대로 비즈니스를 한 적은 없다. 지금까지 출판사와 계약해서 작업한 책은 딱 둘뿐인데 흥미롭게도 한 권은 우여곡절 끝에 기독교 출판 팀장과 연락이 되어 작업했고, 나머지 하나는 기적적으로 연락이 와서─나의 존재를 어떻게 알았는지는 아직도 모르겠다─검토서(기획서)를 작성해주고 출간이 결정되어 번역했다.

기적

어느 날 P출판사 직원이 전화를 걸었다. 외서 검토서를 작성해줄 수 있느냐는 부탁이었는데 당시 출간된 번역서는 딱 한 권뿐이었다. 연락처를 가르쳐준 적도 없고 편집부에 인맥이 있는 것도 아닌데 어찌된 영문인지 직원이 먼저 전화를 걸어온 것이다. 그로부터 검토한 외서는 총 석 권(그때만 해도 P출판사 전속 번역가가 된 듯싶었다), 하지만 아쉽게도 세 번째 작품 『Six-Month Fix(게리 서튼 저)』을 번역하자마자 단행본 팀이 해체되는 바람에 출판사와의 인연은 그렇게 끝이 났다. 애당초 주력 간행물이 있던 출판사인지라 단행본 출간이 미뤄져 그 책은 아직 출간되지 않았다. 물론 번역료는 두둑이 받았다.

S출판사가 의뢰한 기행서 역시 세상에 나온 경위가 기적과도 같았다. 책은 2008년 8월에 출간되었고 탈고는 그해 5월 중순인 것으로 기억하지만 실은 2007년 3월에 시작된 나의 '무모한' 도전이 없

남의 글을
내 글처럼

었던들 그 책은 세상에 나오지 못했을 것이다.

2007년 어느 날, '크리스천의 재정 관리'를 다룬 원서를 아버지께 받았다. 제목은 『Wealth Conundrum(부의 수수께끼)』, 미국 선교사가 강력히 추천하면서 화성시에서 목회하시는 큰아버지께 주었다고 했다. 아버지는 번역 한 번 해보라시며 대뜸 사본을 건네셨는데 확인해보니 국내에는 아직 출간되지 않은 책이라 출판사에 '팔면' 좋겠다는 심사로 번역에 착수했다.

그때까지만 해도 저작권이나 판권을 두고 지식이 미약했다. 출간이 되지 않으면 판권이 없을 거라는 순진한 생각이 화를(혹은 기회를) 부를 줄은 몰랐던 것이다. 한 달이면 족히 끝낼 책을 짬짬이 시간을 내서 번역하느라 탈고까지 몇 개월이 걸렸다. 마침내 2007년 11월, 완성된 원고를 첨부하여 세 출판사에 메일을 보냈는데 왠지 모를 확신이 들었다. 펀드매니저인 저자가 테레사 수녀와 지내며 겪은 일화를 비롯하여 경험에서 우러난 에피소드 하나하나가 주옥같았고 공감이 갔기에 그랬을 것이다.

얼마 후 S출판사와 N출판사가 서로 "출간하겠다."며 매우 긍정적인 관심을 보였다. 판권 조회까지는 몇 주가 걸렸다. 에이전시와 계약을 하지 않는다는 N출판사는 편집자가 직접 저자에게 메일을 보냈지만 몇 주째 답장이 없어 미국에 있는 관계자와 연락을 주고받았다고 한다. 거의 같은 시기에 판권 조회 결과가 나오자 두 출판사로부터 연락을 받았다(그러나 N출판사가 귀띔해준 정보는 사실과 달랐다).

S출판사: 판권이 있는 출판사를 정확히 밝힐 수는 없지만 D목사(국내에
　　　　 서는 꽤 유명한 분이다) 계열 출판사에서 판권을 계약했다고 합니다.

필자: 예, 그렇군요.

인터넷을 검색해가며 해당 출판사를 조회해보니 짚이는 곳이 하
나 있었다.

나: 『부의 수수께끼Wealth Conundrum』의 판권이 그쪽 출판사에 있다고
　　 들었는데 확인해주시겠습니까?

출판사: 예, 알겠습니다. 확인해보고 내일 연락드리겠습니다.

출판사: (다음 날) 예, 저희 쪽에 판권이 있더군요. 하지만 원고는 받을 수
　　　　 가 없습니다.

필자: 원고를 완성했는데 어차피 출간을 하실 거라면 원고가 필요하지
　　 않나요?

출판사: 어째 그런 무모한 일을 하셨소, 그래. 저희도 번역 잘하시는 목사님
　　　　 이 많고요. 작업도 거의 다 됐으니 그러기는 어려울 것 같습니다.

　그럼에도 책은 2010년 6월까지도 출간되지 않았다. 물론 출간은
됐지만 시중에 유통은 하지 않아서 그럴지도 모르겠다. 어쨌든 출
판사 사이트에 들어가서 게시판에 사연을 올려보기도 했지만 관계
자들은 미동도 하지 않았다. 헛고생만 했다는 생각에 맥이 빠질 무
렵 (화가 되레 복이 됐다고나 할까) 또 다른 기회가 찾아왔다. S출판사에서
『부의 수수께끼』 번역 원고가 마음에 들어 원서 번역을 의뢰하고 싶
다는 것이었다.

남의 글을
내 글처럼

"점심 식사를 위해 건물을 나가니 바람은 찬데 햇살은 분명 봄이더군요. 평안하시죠? 번역을 부탁드리려고 연락드립니다. 의뢰 도서는 첨부 파일을 통해 확인하시면 됩니다. 최근 산티아고라는 순례길이 국내외적으로 많이 소개되면서 적지 않은 이들이 이 순례길을 오르고 있습니다. 가톨릭을 배경으로 하고 있지만 개신교에도 이제 본격적인 소개가 이루어지고 있는 곳이라 이를 다룬 책이 필요하다는 생각에 출간을 결정하게 되었습니다. 단순한 여행가이드가 아니라 순례길에서의 묵상과 영성을 다루고 있어 잔잔하면서도 힘 있는 책이라는 생각이 듭니다. 현재 일반 출판 쪽에서는 산티아고에 관련된 책이 예닐곱 권 나와 있고 개신교에서도 『느긋하게 걸으라』라는 책이 나와 있기도 합니다. 지난번 통화 때 3월 중순 이후로 특별한 번역 일정이 없다는 말씀이 기억나기도 했고, 지금껏 선생님이 번역하신 분야와는 다른 분야를 시도해봄직 하실 것 같아 문의 드립니다. 번역 기간은 5월 초까지 해주시면 일정에는 차질이 없을 듯싶습니다."

『부의 수수께끼(Wealth Conundrum)』일은 아쉽지만 대신 『걸어서 길이 되는 곳, 산티아고』가 출간되어 많은 사람들의 영성훈련에 보탬이 된 것으로 만족했다.

번역가는 1회용?

그로부터 나와 인연을 맺었던 S출판사와 N출판사 및 P출판사가 번역을 의뢰한 적은 없었다. 한 번 의뢰한 후 같은 번역가는 두 번 다시 쓰지 않는다는 출판계의 관행이 있어 그럴 거라고는 생각지 않지만 어쨌든 이해하기가 어려웠다. 하지만 며칠 전 C출판사 편집장과의 통화에서 그분은 "지금 번역을 맡겨야 하는데 누구에게 의뢰를 해야 할지 막막하다."고 하소연을 했다. 그 역시 불신과 무명이 가져온 폐해랄까?

> 번역가: 왜 출판사가 또 의뢰하지 않을까?
> 편집자: 누구에게 의뢰해야 할지 모르겠네.

출판사 사이트에 공고를 내서 번역가를 모집해두면 번역 일손이 달린다며 걱정할 일은 줄어들지 않을까? 그 역시 불신과 무명의 덫에 걸린다면 효과는 별로 없을 테지만 미덥지 않다싶으면 샘플로 평가하는 방법도 있고 경력과 전공을 보고 결정해도 좋을 것이다.

각인

내가 할 수 있는 최대한의—최소한으로 들릴지도 모르지만—비즈니스는 세상에 외치는 일 뿐이었다.

"나도 번역하는 사람입니다!"

지금도 어딘가에서 쩌렁쩌렁 울리고 있는 내 목소리를 누군가는 듣고 있을 게다. 손수 개설한 인터넷 동호회와, 무심코 겉장을 넘기

남의 글을
내 글처럼

면 하단에 드러나는 역자소개란, 베스트셀러 반열에 오른 책 겉표지에 새겨진 '옮긴이 ○○○,' 언젠가 신문에 게재된 '전문 번역가 ○○○,' 출판사에서 의뢰한 책 광고에 큼지막하게 인쇄된 '○○○ 옮김,' 서점에 수북이 쌓인 내 책들, 혹시나 해서 열어본 역자후기에 박힌 '번역가 ○○○'을 보는 순간 그들은 내 절규를 들었으리라. 언제 그랬는지 곧 잊고 말지도 모르겠지만.

실력이 출중한들 번역을 의뢰할 사람들이 자신의 존재를 모르면 무슨 소용이랴? 그런 까닭에 실력이 탁월해도 번역일은 보장되지 않는다. 그래서 '나란 사람도 있다.'는 사실을 밝히려고 부단히 애를 써왔다. 이를테면, 기획서를 작성하여 출판사 편집장에게 보내고(기획서는 12장 '트랜스폴리오'에서 자세히 다뤘다), 인터넷 동호회 대문은 지금까지 번역한 작품으로 도배했으며, 블로그엔 내 사진을 한 컷 붙여놓고 근황을 소개하기도 했다.

무엇보다도 '다음'과 '네이버'에는 인물 검색에 등록해서 이름 석 자를 치면 사진과 함께 카페와 블로그 혹은 지금까지의 번역 작품을 만날 수 있게 해두었다. 다음DAUM 검색창에 '번역가'를 치면 내 인터넷 카페가 뜬다. 동일 계열 카페 중 회원이 많아서 우선순위로 뜬 듯싶다.

기획서를 보내기 전에는 출판사가 지향하는 장르가 무엇인지부터 파악했다. 자기계발서를 기획해놓고 이를 경제·경영에 주력하는 출판사에 넘기면 좋은 결과를 기대할 수 없을 테니 말이다. 지금까지 기획서(이 책에 샘플로 소개한 것이다!)를 십 수 군데 보냈지만 출간방

향이 맞지 않는다는 이유로 거절당하거나 지금도 검토 중인 곳이 상당히 많았다. 어찌 보면 일반 번역가가 기획한 책이 그다지 미덥지 못하는가 싶을 때도 있다. 하지만 외서는 번역가가 기획해야지 외국어를 모르는 편집자가 기획한다는 것은 좀 어폐가 있지 않을까? 번역가 뺨치게 잘한다면야 문제될 것이 없겠지만 말이다.

지금도 '나'라는 존재를 각인시키려고 노력하고 있다. 아마 평생을 그래야 할지도 모르겠다.

13. 트랜스폴리오 TransFolio

"함부로 상상하지 마라"

"모든 것은 변신한다!"

"그들의 전쟁이 시작된다!"

"두 거장의 첫 초대형 프로젝트"

2007년 「트랜스포머Transformers」가 극장가를 강타했다. 어릴 적 변신로봇에 유난히 관심이 많았던 나는 「스페이스 간담 V」로 로봇 과학의 '꿈'을 키웠다. 그런데 얼마 후 알게 된 일본만화 「마크로스 Macros」에 등장하는 로봇과 간담 V가 너무 흡사하게 생긴 탓에 우리나라 만화영화 감독이 일본 애니메이션을 표절한 것이 아닌가 하는 씁쓸한 생각이 들었다. 그런데 일본 만화는 빛깔이 번쩍이며 실감나는 반면, 1970, 80년대 우리나라 로봇은 '왁스칠'도 하지 않아 '저예산'과 '실력 부족'이라는 오명을 드러내고 말았다.

어쨌든 두 로봇 모두 전투기에서 로봇으로 변신하는 것이 전부지만 「트랜스포머」에 등장하는 로봇들은 카세트부터 경찰차, 화물차 그리고 전투기에 이르기까지 갖가지 물건으로 변신하며 다양한 볼거리를 제공했다. 제목 '트랜스폴리오TransFolio'에서 '트랜스trans' 가 트랜스포머의 '트랜스'와 같다는 것은 쉽게 짐작할 수 있을 것이다. 그렇다, '트랜스'는 무언가를 '바꾼다'는 뜻이다.

· trans(바꾸다) +gress(가다) = transgression(죄)

· trans +form(형태)　　　　= transform(변형하다)

· trans +atlantic(대서양)　　= transatlantic(대서양 횡단의)

· trans ＋script(대본)　　　　＝ transcript(필사본)

　화살이 과녁을 빗나갈 때, 이를 가리켜 'transgression(죄)'이라고 부른다. 어원은 그리스어(ἁμαρτία, 하마르티아)에서 유래했다. 그러니까 트랜스폴리오라면……? '번역translation'과 '포트폴리오portfolio'를 합성해서 만든 말이다. 이를 두고 영어로는 '코인to coin'했다고 말한다. 트랜스폴리오는 3년 남짓 된 번역활동을 한눈에 보여주는 앨범이자 나만의 발자취이기도 하다. 어느 고등학생의 인터뷰 설문지를 비롯하여 각종 번역계약서, 외서 검토서, 세금영수증, 번역회사와 출판사 편집부에서 보낸 편지, 친구가 부탁한 번역물에 이르기까지 다양한 데이터를 그때그때 고스란히 담아두었다.

트랜스폴리오 목록

- 번역서목록
- 편집부에서 교정한 원고
- 샘플 번역 원고와 원문
- 발췌 번역 원고와 원문
- 번역가 설문지
- 틀리기 쉬운 우리말 정리
- 외서 검토서
- 번역 계약서
- 출판사 편집규정
- 번역회사 편집규정
- 번역시 유의사항
- 한영 번역 원고
- 개인적으로 부탁한 의뢰 원문과 번역원고
- 출판사에서 발송한 메일
- 출판사 편집자님께 보내는 글

남의 글을
내 글처럼

- 번역회사 테스트 원문과 원고
- 의뢰인이 보낸 카페 이메일
- 번역서 관련 기사(광고 포함)
- 원천징수 영수증
- 논문번역원고

외서 검토서(기획서)

폴더를 넘기다 보면 외서 검토서가 자주 눈에 띈다. 솔직히 외서 검토서는 애당초 있는지조차 모르다가 번역 관련 서적을 통해 알게 되었다. 출판사는 원서(외서)의 내용이 무엇인지, 시중에 판매될 경우 시장성이 있을지 여부를 가늠하기가 매우 어렵기 때문에 검토서를 의뢰한다. 대게 번역가들이 작성하는데 기한은 통상 일주일 후로 정하고 소정의 작성료도 별도로 지급한다. 물론 번역가가 일주일 동안 원서를 읽고 일부 발췌번역과 줄거리, 번역가의 의견 등을 써서 제출하는 데 받는 액수라야 얼마 되진 않는다(대개 150,000원). 하지만 출간이 결정되면 주로 외서를 검토한 번역가에게 일을 맡기기 때문에 검토료가 적다고 실망할 필요는 없을 것 같다.

출판사와 거래할 시, 나는 매절(원고지 장당)로 2,800원부터 4,000원까지 받았다. 이를 A4용지로 환산하면 100매 번역하는 데 약 400만원 받는다고 생각하면 된다. 다음은 내가 거래했던 출판사의 양식을 토대로 직접 작성한 것으로 기획서의 감을 잡는 데 도움이 될 것이다.

외서 검토서

■ 개요

제목(원제) 형제와 사별하는 법Surviving the Death of a Sibling

부제 Living Through Grief When an Adult Brother or Sister Dies

저자 T. J. Wray

분야 심리 | 자기계발

핵심독자 절친한 친구나 형제를 사별한 경험이 있는 독자

확산독자 20~70대의 남녀

판형 | 쪽수 | 색도 200x132/272쪽/단도

출판사 | 에이전시 Three Rivers Press

출간연월 2003년 5월 27일 (초판)

수상내역 없음

검토자 | 작성일 유지훈 / 2010년 3월 10일

■ 기본 컨셉

1) 사람은 죽음을 피할 수 없다!
2) 형제 혹은 자매의 죽음에 어떻게 대처할 것인가.

■ 저자 소개

T. J. 레이T. J. Wray—로드아일랜드Rhode Island의 뉴포트Newport 소재 살브 레지나 대학Salve Regina University에서 종교학을 가르치고 있다. 홈페이지 www.adultsiblinggrief.com을 만든 레이는 현재 남편과 세 자녀와 함께 로드아일랜드에서 살고 있으며, 주요 저서로는 《악마의 기원The Birth of Satan: Tracing the Devil's Biblical Roots》과 《슬픈 꿈Grief Dreams: How they help us Heal after the Death of a Loved One》등이 있다.

■ 차례

5. 분노
이건 말도 안 되는 일이야!

6. 죄책감, 후회 그리고 갈등
죄책감, 후회 그리고 갈등

7. 우울증
우울감의 끝은 어디인가?

8. 꿈
마지막 방문

9. 신앙, 종교 그리고 영성
하나님은 뭘 하고 계셨나요?

10. 체념
삶과 죽음의 의미를 찾아

■ 내용 요약

T. J. 레이가 43세인 동생을 잃었을 때 그녀의 슬픔은 좀처럼 사그라질 줄 몰랐다. 어른이 된 후에도 형제간의 우애는 늘 지속되지만, 정작 형제와 사별했을 때 느끼는 슬픔은 얼마 후 곧 잊혀질 거라고들 생각한다. 따지고 보면 형제가 세상을 떠나면 부모와 배우자 혹은 자녀들까지도 관심 밖에서 멀어지게 된다. 실은 그들도 역시 상실감에 빠져 있지만 말이다.

저자와 많은 사람들의 경험에 근거하여 집필된 《형제와 사별하는 법》은 형제 혹은 자매를 잃은 사람들에게 그들만 '고독한 투쟁'을 하는 것은 아니라고 가르쳐준다. 또한 슬픔을 이겨내는 과정을 단계별로 기술했을

남의 글을
내 글처럼

뿐만 아니라 각 과정을 현실적으로 감당할 수 있는 방법도 제시했다.

이 책에서 레이는 다음 몇 가지 사항에 주안점을 두었다.

- 죽음을 통해 삶의 의미를 발견
- 자신의 감정을 기록한 일기 작성법
- 시련을 극복하는 데 도움을 줄 수 있는 파트너 선택
- 상대방이 눈치 없이 뱉어낸 말에 상처받지 않기

훈훈하고 인간적인 스토리에 유용한 전략까지 무장한 이 책을 통해 독자는 '사별'에 대한 특별한 체험을 하게 될 것이다.

■ 해외 서평[아마존 서평]

★★★★★ 반갑고 고마운 책!

2005년 2월 21일 나이가 스물여섯인 젊은 동생을 잃은 나는 슬픔에 잠긴 채 도움이 될 만한 인터넷사이트를 뒤적였다. 다행히 레이 교수의 웹사이트를 통해 이 책을 알게 된 나는 그로부터 큰 도움을 받았다. 지금껏 눈물로 세월을 보냈으나 다른 사람도 나와 슬픔을 함께 하고 있다는 사실을 알게 되었다. 그래서 감정을 추스르고 새로운 삶을 개척하기로 했다. 조시Josh는 기억 속에 자리 잡은 나의 동생이다. 새로운 삶에 늘 즐거움이 가득하진 못했지만 조시와 함께한 추억만은 사그라지지 않았다. 형제를 잃었다면 이 책을 강력히 추천한다.

★★★★☆ 내가 비정상은 아니었군요!

T. J. 레이의 웹사이트를 통해 이 책을 읽게 되어 감사할 따름이다. 스물아홉 된 오빠가 암으로 세상을 떠나자 이를 극복해보려고 갖은 수단을 다 써봤다. 다행히 곁에서 정신적인 버팀목이 되어줄 사람이 있었지만,

그런 특권은 아무나 누리지 못할 것이다. 그런데 2년이 지난 후 그의 빈자리가 더욱 나를 짓누르자, '이러다가 우울증에 걸리는 건 아닐까' 하는 걱정이 들었다. 걱정은 곧 오빠를 잃었다는 상실감을 더욱 가중시켰다. 레이 교수는 나만 그런 감정이 드는 게 아니라는 사실을 깨닫게 해주었고, 결국 흐르는 세월에 쓰디쓴 현실을 맡겨버렸다. 비통한 심정은 때때로 거센 파도처럼 다가오지만 이 책은 그 위를 타는 배와 같다. 《형제와 사별하는 법》을 읽는다면 부서지는 파도는 느낄지언정 바닷물에서 허우적대는 일은 없을 것이다.

★★★★★ 형제가 멀쩡히 살아있는 저에게도 큰 감동이……

《형제와 사별하는 법》은 누구나 읽어야 할 필독서다! 나는 형제가 아닌 사촌이 세상을 떠난 후 이 책을 우연히 발견했다. 레이 교수는 자신의 경험담을 통해 사촌의 형제들이 어떤 어려움을 겪고 있으며 내가 그들을 도울 수 있는 방법은 무엇인지 가르쳐주었다. 책이 마음에 든 탓에 형제와 사별한 친구와 지인들에게 주려고 몇 권을 추가로 구입했다. 세월이 흐를수록 그들의 아픔을 십분 이해할 수 있게 되어 감사했고 이 책을 읽은 사람들은 "마치 나의 이야기를 하고 있는 것 같다"며 감탄해마지 않았다. 레이 교수의 책은 따스한 심성을 갖게 할 뿐만 아니라 상실감에 신음하는 모든 이들에게 삶의 위안과 방향을 제시한다.

■ 발췌 번역

67p

뭔가 우스갯소리를 들은 듯 미소를 지으며 메리 베스가 다가왔다. 그녀는 쇼핑카트를 내 옆에 세워두고는 장갑 낀 손을 내밀며 내 팔을 힘껏 잡았다. "어디 있다가 이제 나타난 거예요?" 마치 내가 일부러 자기를 피해 다녔다는 듯이 그녀가 물었다.

남의 글을
내 글처럼

'지옥에 갔다 왔죠.'

"여름 내내 통 얼굴 보기가 힘들던데, 혹시 지금까지 못 샀던 걸 왕창 사려고 오신 건 아니죠?" 그녀가 킬킬 웃으면서 말했다.

대꾸하려고 했지만 그녀는 내 뒤에 있는 부부를 흘끗 쳐다보며 말을 이었다. "그래, 요즘 근황은 어떠세요? 롭Rob과 아이들은 잘 지내고 있죠?" 나는 잠시 망설였다. 어떻게 대답할까? 아무 일도 없었다는 듯이 행동해야 할까, 아니면 동생 일을 말해야 할까? 내가 머뭇거리고 있는 틈을 타 그녀가 더 가까이 다가왔다.

"무슨 문제라도 있나요? 괜찮으신 거죠?" 좀더 '생산적인' 대화를 나눌 만한 '지체 높은 양반'을 찾아 두리번거리며 묻는 그녀에게서 가식이 느껴졌다.

68p
내면의 소리Voice Within가 다그치는 말은 무시하고(지난주부터 내가 어떻게 처신해야 할지 가르쳐주었지만……) 동생이 죽었다는 소식을 말하기로 결심했다. 알 수 없는 힘이 머릿속에서 쏙 끄집어내듯 말이 툭 튀어나왔다.

"메리, 실은 기분이 별로 좋지 않아." 내면의 소리는 계속 속삭였다. "말하지 마! 말하면 안돼!"

그녀는 관심이 있다는 듯 긴장한 눈으로 나를 응시했다. "3주 전에 동생이 죽었어요." 내가 조용히 입을 열었다. 그러나 말을 뱉은 순간, 메리의 귀에 들어가기 전에 했던 말을 다시 주워 담고 싶은 심정이었다. 괜한 말을 했다는 후회와 함께 내면의 소리는 나를 타박했다. "바보 같으니라고!"

내가 왜 사적인 말을 그녀에게 털어놓았을까? 그렇게도 동정을 구하고 싶었던가? 메리는 한발 물러나더니 떨떠름한 표정을 지으면서 재치 있는 말로 띄운 분위기를 내가 망쳤다는 듯이 쳐다보았다. 그러고는 예의를 차린답시고 형식적인 몇 마디의 질문을 던졌다. "동생은 나이가 몇이었나요?" "부모님은 어떠신데요?" "그분과 사이는 가까웠나요?" 나 역시 형식적으로 대꾸했다. "마흔 셋입니다." "마음을 아직 추스르지 못하시죠." "친했죠." 응당 해야 할 질문이 끝나자 깊은 한 숨을 내쉬었다. 그녀는 어색하게 잠시 멈칫하다가 다시 화기애애한 목소리로 이렇게 물었다. "그 외에 별 일은 없죠?"

눈이 오는 저녁 식료품점에서 그녀와 나눴던 대화를 잊을 수 없는 까닭은 고통스러우나 중요한 교훈 두 가지를 배웠기 때문이다. 첫째는 깊은 상실감을 타인이 이해하리라 기대하지 말아야 한다는 것이다. 특히 위로해줄 위인이 못되거나 그럴 마음이 없는 사람들에게는 아예 기대를 하지 마라. 형제의 죽음으로 큰 충격을 받을 거라고 생각하지 않는 사람도 주변에 많이 있으며, 이는 그들의 반응을 보면 쉽게 알 수 있다. 그리고 슬픔을 표출하기 전에는 꼭 내면의 소리에 귀를 기울여야 한다는 것이다. 내면의 소리는 전에 느끼지 못했던 복잡한 감정의 미로를 빠져나갈 수 있도록 안내한다. 나는 틀에 박힌 사회적 통념에서 과감히 탈피함으로써 당신에게 자연스러운 행동을 마음껏 누려야 한다고 거듭 강조할 것이다.

69p

내면의 소리에 주의를 집중하지 않은 채 자신에게 자연스럽지 않은 행동을 한다면 슬픔은 더 커질 뿐이다. 동생이 죽은 지 몇 주 후, 특정 상황에서 나와는 어울리지 않았던 행동을 생각해보았다. 예를 들어 나를 아는 사람이라면 내가 쉽게 울음을 터뜨리는 사람이 아니라는 것을 안다. 나는 평소 사교적이고 편안한 사람인 탓에 눈물로 세월을 보내며 은둔하는 모습을 볼 때 전혀 나답지가 않았다.

한 동안 맘껏 울고 소리를 지르고 싶었지만 그럴 기회가 없었다. 나는 술

남의 글을
내 글처럼

에 찌들었고 툭하면 화를 냈다. 정말이지 엉엉 울 수도 있었지만 감정을 억누르고 평소의 삶에 충실하려고 노력했다. 그러나 상황은 점점 꼬이기 시작했고 별일도 아닌 일에 쉽게 화를 냈다. 신발 한 짝을 못 찾아 헤매거나 시동이 걸리지 않은 때도 분을 참지 못했다.

—프란체스카Francesca, 43세

이렇듯, 형제를 사별한 사람들 중 다수가 비정상적인 행동이나 감정을 호소한다. 빅터 프랭클Viktor Frankl은 《죽음의 수용소Man's Search for Meaning》에서 비정상적인 반응에 대해 기술했다. "비정상적인 상황에서 비정상적인 반응을 보이는 것이 당연하다"고 말이다. 슬픔은 정상적인 상황에서 발생하지 않는다. 가족상을 당하는 경우는 흔치 않은 까닭에 평소 성격과 사뭇 다른 행동을 하는 것은 전혀 이상하지가 않다. 슈퍼마켓에서 벌어진 일화에서 나오는 어울리지 않은 감정이나 행동, 즉 갑자기 우울해지거나 메리 베스와 같은 사람에게는 속내를 털어놓지 않는 내가 스스럼없이 사실을 밝힌 것은 정상적인 행동이 아니었다. 그러나 비통한 상황에서 이는 전혀 이상하지가 않다.

■ 상세 분석

구분	1(bad)	2(poor)	3(fair)	4(good)	5(excellent)
주목도			O		
근거					
지명도			O		
근거					
뉴스가치			O		
근거					

구분	1(bad)	2(poor)	3(fair)	4(good)	5(excellent)
대중성				○	
근거	'죽음'이라는 소재를 통해 삶의 의미를 다시금 일깨워줄 수 있다				
기회요소	참신한 글 전개방식과 생생한 경험담을 통해 공감대 형성				
위험요소	감성에 지나치게 호소한다는 느낌이 들 수도 있다				
핵심포인트	형제의 죽음을 목도한 사람들이 들려주는 생생한 체험기!				
예상쪽수	300p				

■ 검토자 의견

저자의 말마따나 매달 우후죽순으로 늘어나는 자기계발서적 중에서 형제나 가족 혹은 애인을 잃은 슬픔을 극복할 수 있도록 돕는 책은 거의 출간되지 않고 있다. 사람이라면 죽음을 피할 수 없다. 그래서 타인의 죽음으로 고통 받는 사람들을 종종 만나게 된다. 하지만 어떻게 위로를 해야 할지 몰라 상대방의 심기를 불편하게 만드는가 하면 심지어 슬픔을 더 부추기는 경우도 비일비재하다. 《형제와 사별하는 법》은 우리(형제를 잃은 사람이나 그들과 맞닥뜨려야 하는 사람)가 만날 수 있는 상황을 빠짐없이 소개하고 있으며 장례식장에서의 예절과, 상을 당한 사람과 상대방이 갖추어야 할 태도를 이해하기 쉬운 언어로 기술하고 있다. 그리고 경험자들의 일화를 소개하여 독자들은 그들의 생생한 감정과 마음을 십분 헤아릴 수 있을 것이다. 특히 한국인이 읽더라도 충분히 공감할 수 있다는 데 큰 매력을 느꼈다. 그래서인지 죽음은 모든 문화를 초월하는 소재인 것 같다.

남의 글을
내 글처럼

트랜스폴리오를 펼치면 옛 추억이 새록새록 피어난다. 클리어 파일(평균 50매)로 세 권인데 여기에 수록된 문건이나 자료를 보며 의미심장하고 뜻 깊은 '사건'을 몇 가지만 추려볼까 한다.

'무보수'로 번역을 도왔던 일이 먼저 떠오른다. 항상 그런 건 아니지만 대학(원)시험기간이 되면 나도 덩달아 바쁘다. 수험생도 아니고 대학생도 아니지만, 이때야말로 학생 신분으로 사회의 '일익'을 담당하는 사람들을 위해 몸 바쳐야 할 때이기 때문이다. 내가 알고 지내든 그렇지 않든 도움이 필요하다면 나는 거의 거절하지 않는다. 아니, '일언지하'에 거절하는 법이 없다는 이야기다. 다행히 본업에는 지장을 주지 않을 만큼 연이어 의뢰가 들어오지 않고 분량도 많지 않은 탓(이틀만 잠을 안자면 된다!)에 큰 맘 먹지 않더라도 흔쾌히 승낙할 수가 있었다. 물론 그 당시 한가한 편은 아니라서 스케줄을 조금 조정해야 했다. 그런데 아무리 무보수라지만 기껏 도와준다면서 글을 엉뚱하게 옮긴다면 기분이 어떨까? 의뢰자야 "그것도 감지덕지"라며 나를 안심시킬지는 모르지만 졸역이 끼치는 심적 부담은 이만저만이 아니다.

얼굴도 모르고 나이도 지금은 가물가물한 여성으로부터 번역의뢰를 받은 적이 있다. 총 분량은 A4용지로 7장. 그분과 직접 통화하지 않고 후배의 '중개'로 번역을 진행했는데 병원 직원인지 의학 관련 전공자인지는 모르겠지만 원문을 읽어보니 뇌손상을 다룬 원서처럼 보였다. 그 방면에 문외한인 나는 다소 망설여졌지만 그럼에도 이틀 밤을 지새우며 번역을 마쳤다. 뇌손상으로 추론이 불가능한 사람을 어떻게 교육해야 할지, 실생활에 적용할 수 있는 대안을 종류별로—일반인도 이해하기 쉽게—풀어썼다(아마 교정학과 관련된 분야였던 것 같다). 예시문은 옮기기 어렵지 않았으나 전문용어가 튀어나올 땐 정말 기가 '팍' 죽었다. '옮겨도 옮긴 게 아니었다'는 게 이를 두고 하는 말이 아닌가 싶었다.

자기가 이해하지 못한 글이나 용어를 번역할 땐 전문가가 "잘 옮겼다"고 아무리 박수를 쳐줘도 역자는 가슴이 후련하지가 않다. 그 중 'resource allocation'이나 'diminished affect,' 혹은 'pragmatic impairments'는 각각 '리소스 배분,' '정서결핍,' '화용적 장애'로 번역했으나 딱히 와 닿는 어휘는 아니었다. '리소스'는 한국말로 옮기면 되레 어색할 것 같아 '독자의 상상'에 맡겼고 '화용적'이란 말은 사전에서 찾은 건데 지금도 무슨 뜻인지 모르겠다. 비록 미심쩍은 부분이 아주 적더라도 결과에 만족하지 못하는 게 번역자의 심리가 아닐지 싶다. 밥 한공기 얻어먹진 않았지만 그렇다고 서운하지도 않았다.

대학생과의 인터뷰

몇 년 전의 일이다. 이메일을 확인하는 중, 내 카페에 가입한 회원이 보낸 편지가 눈에 들어왔다. 번역가가 되고 싶은 대학생이라며 자신을 소개한 '그녀(전씨)'는 나와 인터뷰를 해도 되겠냐고 물었다. 발표수업의 일환으로 희망 업종을 조사하고 싶은데 누구를 찾아야 할지 몰라 메일을 띄웠다고 했다.

포털사이트에 내 이름을 검색창에 치면 내 카페가 단연 선두를 차지한다. 그 검색어가 들어가는 카페 중 회원이 가장 많기 때문인데

(현재 485명이지만 실제 카페활동인원은 나를 제외하면 거의 '제로(0)'에 수렴한다) 물론 인터넷의 바다에서 허우적대다가 내 카페를 우연히 발견했을 것이다. 서로 협의 하에 인터뷰 일정을 잡았다. 굳이 수원까지 와서라도 인터뷰를 해야겠다는 그의 의지가 가상했다.

중견번역가들을 제쳐두고 아마추어인 내게 인터뷰를 신청했으니 그쪽이 실수한 것인지도 모른다. 당시 책 두 권을(히브리어 교재와 자기계발서) 월말까지 탈고해야 했기에 여유가 있긴 않았다. 그래서 시간을 허송하지 않으려고 금요일 예배보다 1시간 일찍 만나기로 했다. 어떤 질문이 쏟아질지는 몰랐지만 '번역료'나 '직업의 전망,' 혹은 '장단점' 정도로 가닥을 잡았다. 지금까지 모아놓은 번역 자료도 챙기고 시중에 출간된 책도 몇 권 가지고 가서 이런저런 에피소드를 이야기할 생각이었다. 물론 트랜스폴리오는 더할 나위 없이 좋은 인터뷰 자료가 되었다.

몇 년 전에는 한 고등학생이 "번역가가 꿈"이라며 인터뷰를 의뢰한 적도 있었다. '수행평가' 때문이라는 게 밝혀졌지만 나는 흔쾌히 설문지를 작성해주고 작업하는 모습을 디지털카메라에 담아 '증빙자료 제작'도 도왔다. 이번에도 마찬가지였다. 인터뷰의 이유(수행평가, 대학리포트, 기타 등등)가 꼭 따라붙는다는 것이 좀 그렇긴 했지만 나를 찾아준 데 대해 감사했다.

어쩌면 보잘것없는 초보 번역가가 도움이 될 수 있는 부분도 있을 것이다. 전 씨가 약간 늦게 도착한 탓에 그동안 트랜스폴리오를 뒤적이며 무슨 이야기를 꺼낼지 생각해봤다. 백화점 입구에 들어가면 엘리베이터 앞까지 테이블과 의자가 여럿 있다. 약속시간이 되자

'좀 늦겠다'는 문자가 왔고 얼마 후, 호리호리한 여성이 "안녕하세요!"라고 인사하며 내 앞에 앉았다.

그녀는 "사회학과"라며 예비 번역가와는 좀 어울리지 않을 거라고 말했다. 그러나 실은 그렇지가 않다. 나는 "훌륭한 번역가가 되려면 영문과만 아니면 된다."고 너스레를 떨었다. 번역을 잘하려면 외국어능력 못지않게 배경지식도 매우 중요한데, 영문과는 요즘 번역업계에서 뜨고 있는 정치나 경제, 경영, 사회, 혹은 IT를 두고 깊이 아는 분야가 딱히 없기에 그렇게 말한 것이다.

그녀는 녹음기를 켜놓고 질문을 시작했다. "번역일의 장단점은 무엇인가요?" "보람을 느낄 때는 언제인가요?" "번역료는 어떻게 책정되나요?" "가장 힘들었을 때는 언제인가요?" "예비 번역가에게 하고 싶으신 말씀 한 마디 해주세요." 등 예상을 크게 벗어나진 않았다.

내가 너무 장황하게 이야기한 것은 아닌지 뒤늦게 아쉬움이 남는다. 해주고 싶은 얘기는 많았지만 시간이 넉넉지가 않았다. 트랜스폴리오를 찾아가면서 자세히 설명해주려고 했는데 녹음기를 의식하다보니 그러지는 못했다. 인터뷰를 마치면서 "궁금한 점이 있으면 언제든지 메일을 보내거나 카페에 남기라"고 일렀다. 서울에서 수원까지 먼 걸음에, 이렇게 만난 것도 인연인데 자그마한 선물에—세 번째로 번역한 책 『아름다운 열정Motivate to Win』—사인을 해서 주었다.

남의 글을
내 글처럼

끝으로 친구이야기를 해야겠다. 고등학교 동창인데 중간시험을 치러야 한다며 내게 원문을 들이댔다. 그가 신학생인지라 부담이 좀 있었지만 지금껏 교회에서 들은 '풍월'이 탄탄히 깔려있었기에 웬만한 신학은 깊게만 들어가지 않으면 충분히 소화할 수 있다고 자부했다. 죽 훑어보니 '신약성경에 나타난 교회 성장의 사례'를 열거한 글이었다. 내용이 어렵지 않아서 하루 만에 탈고했고 전보다는 만족할 만했다. 고맙긴 한데 딱히 뭘 해야 할지 몰랐던 친구는 아침 일찍 죽을 사들고 집에 찾아왔다. 원고를 이메일로 전송한 지 며칠이 지나서 문자 한 통이 날아왔다. 내 덕분에 스터디 파트너들이 모두 중간고사를 잘 봤다는 글이었는데 원고를 복사해서 죄다 돌렸나보다.

애당초 번역은 '테크닉'이나 '매뉴얼' 말고는 쓸 소재가 없다 싶었지만 책을 쓰면서 '절대 그렇지 않다'는 사실을 깨달았다. 시중에는 번역 노하우를 전달하고 오역을 바로잡는 책이 대다수를 차지한다. 그러나 시야를 약간만 넓히면 번역도 글감은 무궁무진하다.

'번역의 실체'를 비롯하여 번역가의 애환과 그가 할 수 있는 최소한의 '비즈니스'도 실었다. 출판 번역의 지름길을 두고 나 역시 뾰족한 대안을 내놓을 수 없다는 것이 못내 아쉽지만 번역의 길에 들어선 독자에게 내가 할 수 있는 최대한의 조언임을 이해해주기 바란다.

번역가의 삶은 고달프다. 나는 아직 모르지만 가장은 더욱 그럴 것이다. 물론 금전적인 문제를 제외하면 전문 번역가와 아마추어 번역가의 부담은 크게 다르지 않다. 오히려 경력이 쌓일수록 그만큼 고민하는 시간은 훨씬 길어질 것이다. 어느 번역가의 '증언'이 아직도 귓가에 생생하다.

"'Yes'를 옮기는 데 하루 온종일을 고민했다."

우리말과 영어 공부를 두고는 논란의 여지가 있을지 모르나 필자의 경험을 토대로 쓴 것이니 그에 공감한다면 지금이라도 '한 우물만 파는' 습관을 들였으면 한다. 영어를 공부할 땐 서점에 범람하는 학습서에 조바심을 내지 말고 한 페이지씩 찬찬히 정독해가며 완벽히 소화한 후 다른 책을 공부해도 늦지 않다.

끝으로 오역은 정의보다는 종류에 주안점을 두었고 역자가 바르게 번역하지 못한('않은' 보다는 '못한'이 더 옳을 것이다) 까닭과 그럴 수밖에 없는 현실, 그리고 이를 줄일 수 있는 처방도 아울러 제시했다. 저자와 역자의 가상 대화를 쓴 까닭은 저자만이 작품의 번역을 '심판' 할 수 있기 때문이다. 원문을 모르는 독자가 번역서를 판단한다는 것은 어폐가 있지 않을까?

나만의 '번역론'에 동감하는 독자가 늘어난다면 번역계의 발전도 그리 요원하지는 않으리라 믿는다. 결국, 번역가의 처우가 개선되지 않으면 번역가와 출판사 및 독자가 모두 피해를 본다는 것은 분명한 사실이다. 또한 번역이 '시간제 근무(아르바이트)'가 아닌 '직업'이라는 사회적 공감대가 형성되는 데 나의 '호소'가 보탬이 되기를 바라며 번역이 사는 날이 오기를 조심스레 관망해본다.

C JAM CAUSES CHAO

GET READY FOR SUMMER make the most with these handy tips

Make the most of the hottest part of the year, summer is just round the corner and now's the...

Hanging baskets are an easy addition from a can others. The smaller garden will benefit encourage new stems to make the watering regularly...

dozens of blooms. Watering and encourage new stems to even the smaller growth...

Stuck for hours earlier today as police tried to cl what had initialy caused the crash that saw tw have so far been treated for minor injuries by helicopter to the nearby hospital in Ch both carriageways. By 3.00pm the ro spokesman said, "It's too early to s

ARE EA

ls meet? Call us now on and it doesn't have to ng forever. Already getting b Alon there is loads still to d rede ey will be at ard op tar cd thet won't be long own siot in this lifetime ng th how on earth does tably going to be an unusua ow cattle things matter ntry rashing down aro were makeanges a comeba conv far away from the f black and red strip left o qui trouble with crops nded not intending to b were optional. Only four t rt chearly as much as ther or not to go. The final d two previous attempts le up. It doesn't mean anything mm failed badly when over the edge of the d taken from all quart beer january through to s. Thot on a thursday ano continue with the ith t would not usually because of the wa family ver the top etingt in the sa would n ng to fi est Stre r the lo ted. it with a p

EATING OUR

Guide to the best EMPTED TAKEOV

scientists have confirmed that the material to oo early to tell. Funding will likely need to com another source said, "This is the first of many locatio ot without its risks. Es onsidiring it's impota ut have decided to r nlike the first and se tably going to be an unusua were makeanges born by the f were optional. Only four t ther or not to go. The final d le up. It doesn't mean anything

new stems to essentia This woul own away yet another oney would come back gain and again wi ll that is left is lowly chippin naking it the thirteen m waste of no

TAKEOV the best

nd of season lines at great wa ght off on't miss out

감사의 글Acknowledgement

"저는 거인의 어깨 위에 선 난쟁이에 불과합니다. 시력이 좋아서라기보다는 거인의 키만큼 높이 올라간 덕에 좀더 멀리 볼 수 있었습니다."

아이작 뉴턴Isaac Newton의 격언쯤으로 생각하는 사람들이 많겠지만 일설에 따르면 11세기 프랑스 철학자 성 샤르트르 베르나르 Bernard of Chartres가 남긴 말이라고 합니다.

이처럼 많은 사람들이 나를 높이 띄워주지 않고 내게 어깨를 내주지 않았다면 이 책은 세상에 나오지 못했을 것입니다. 약 2년간 책과 씨름하며 틈틈이 적어둔 글이 원고가 되기까지, 머리털 나고 처음으로 '작가'라는 타이틀이 붙기까지, 나만의 보람을 세인에게 전하는 지금 이 순간이 오기까지 많은 분들이 필자와 인연을 나누고 은연중에라도 도움을 주셨습니다.

우선 부족한 아들을 늘 격려해주시는 부모님과, 출판사 운영에 큰 도움을 주신 박승규 대표님(말글빛냄)과 김정이(와이낫), 강준기(메이드 마인드) 대표님, 번역가로 데뷔할 수 있도록 지금까지 물심양면으로 필자를 도와준 유지성 누님과 유지영 형님, 원고를 꼼꼼히 검토해주신 번역가 이미선 님께 감사드립니다. 바쁜 일정 속에서도 두서와 체계가 없는 차례를 바로잡는 데 큰 도움을 주셨고, 내용의 흐름이라든가 편집 방향을 성심껏 지도해주셨습니다.

십여 년 전, 처녀작 소식에 가슴이 뭉클했던 순간이 아직도 생생합니다. 저를 믿고 작품을 맡기셨던 분들에게도—성함을 몰라 일일이 기록할 수는 없지만—고마움을 전합니다. 이름도 빛도 없이 독자에게 다가가서 그런지 '가까이 하기엔 너무 먼 당신'이 바로 번역가가 아닐까 싶습니다.

　아울러 필자를 위해 늘 기도해주시는 인상식 목사님, 조선희 사모님 및 새소망교회 식구들, 삼촌에게 웃음과 힘을 주는 조카 성민이, 그리고 사랑하는 형애에게도 고마움을 전하고 싶습니다.

2017년 6월
유지훈

C JAM CAUSES CHAO...

stuck for hours earlier today as police tried to cl... had initially caused the crash that saw tw... far been treated for minor injuries... to the nearby hospital in Ch... ...ways. By 3.00pm the ro...

Is meet? Call us now on...

and it doesn't have to...

...scientists have confirmed that the material for... too early to tell. Funding will likely need to com... Another source said, "This is the first of many location... not without its risks. E... considering it's importa... ut have decided to r... unlike the first and se...

...tably going to be an unusual... were makeng a comeback... f black and red strip left o... were optional. Only four t... ther or not to go. The final d... le up. It doesn't mean anything...

two previous attempts
failed badly when...
over the edge of th...
taken from all quart...
...January through to...
...on a thursday...
continue with the...
would not usually...
because of the wa...
er the top...
...in the sa...
...ng to fi...
West Stre... time...
...ted. for the lo...

GET READY FOR SUMMER with these handy tips

make the most of the... Summer is just round the corner and now's the... to make the most of the hottest part of the year... roses. Hanging baskets are an easy addition t... even the smaller garden will benefit from a ca... dozens of blooms. Watering regularly is essentia... ut back old growth and encourage new stems to... This will also make the...

down away yet another... would not come back w... gain and again wi... ll that is left is t... lowly chippin... making it the... thirteen m... waste o... nova...

ARE EA...

Guide to the best

EATING

...TEMPTED TAKEOV...

...pokesman said, "It's too early to say... ...our months to complete. Tar...

GOING

TAKEOV...

the best FIN...

...end of season lines at gr...
...nd of season lines at gr...
... new jobs for...
...the start was...
...going wi...
...of thi...

| 저자소개 |

유지훈

투나미스 독립 출판 대표 | 전문 번역가 | 편집 디자이너 | 영어 강사

수원에서 초·중·고·대학을 졸업했다(영문학 전공). 영어를 가르치다가
번역서 한 권에 번역가로 전업했고, 번역회사를 거쳐 출판사를 창업했다.
영어와 디자인 툴을 공부하고, 프리랜서 및 회사 생활을 통해 번역 실력을
쌓아나간 것이 어찌 보면 출판사 창업을 위한 준비과정이 아니었나 싶다.

저서로『남의 글을 내 글처럼』과『베껴쓰기로 끝내는 영작문』등이 있으며,
옮긴 책으로는『좋은 사람 콤플렉스』를 비롯하여『월드체인징(개정증보
판)』,『아빠의 사랑이 딸의 미래를 좌우한다』,『성공의 심리학』,『왜 세계는
가난한 나라를 돕는가?』,『전방위 지배』,『퓨처 오브 레스』,『맨체스터 유나
이티드』,『미 정보기관의 글로벌 트렌드 2025』,『걸어서 길이 되는 곳, 산티
아고』,『베이직 비블리칼 히브리어』,『팀장님, 회의 진행이 예술이네요』외
다수가 있다.